고양이는 정말 액체일까?

생활 속 사례로 생생하게 배우는 과학
고양이는 정말 액체일까?

초판 1쇄 발행 2022년 5월 6일
초판 2쇄 발행 2023년 4월 18일

글 정윤선
그림 홍기한

펴낸곳 도서출판 개암나무(주)
펴낸이 김보경
경영관리 총괄 김수현   **경영관리** 배정은
편집 조원선 오누리 김소희   **디자인** 이은주   **마케팅** 김유정
출판등록 2006년 6월 16일 제22-2944호

주소 서울특별시 용산구 한남대로40길 19, 4층(한남동, JD빌딩) (우)04417
전화 (02)6254-0601, 6207-0603   **팩스** (02)6254-0602   **E-mail** gaeam@gaeamnamu.co.kr
개암나무 블로그 http://blog.naver.com/gaeamnamu   개암나무 카페 http://cafe.naver.com/gaeam

© 정윤선, 홍기한, 2022
이 책의 저작권은 저자에게 있습니다. 저자와 출판사의 허락 없이 내용의 일부를 인용하거나 발췌하는 것을 금합니다.

ISBN 978-89-6830-702-7 73400

품명 아동 도서 | **제조년월** 2023년 4월 18일 | **사용연령** 11세 이상
제조자명 개암나무(주) | **제조국명** 대한민국 | **전화번호** 02-6254-0601
주소 서울특별시 용산구 한남대로40길 19, 4층(한남동, JD빌딩)

생활 속 사례로 생생하게 배우는 과학

고양이는 정말 액체일까?

정윤선 글 | 홍기한 그림

개암나무

차례

| 물질의 상태 | **길고양이 구출 작전** | 8 |
: 고양이는 정말 액체일까?

| 심장과 자율 신경 | **두근두근 콩닥콩닥** | 21 |
: 사랑을 하면 정말 가슴이 두근거릴까?

| 소리와 청각 | **내 목소리가 이상해!** | 34 |
: 귀를 막고 말하면 왜 목소리가 이상하게 들릴까?

| 향수의 원료 | **수상한 동아리** | 50 |
: 향수를 똥으로 만들었다고?

| 바이러스와 감염병 | **휘둥이는 할아버지** | 63 |
: 사람의 감기 바이러스가 개에게 옮겨 갈까?

| 비누의 세정 원리 | **비누는 깨끗해!** | 76 |
: 공중화장실에 있는 비누로 손을 씻어도 깨끗해질까?

| 수영의 원리와 땀 | **조금 늦으면 어때?** | 90 |
: 수영할 때도 땀이 날까?

| 자율 주행 기술 | **빨리 어른이 되면 좋겠어** 103
: 자율 주행차, 믿을 수 있을까?

| 무선 결제 시스템의 원리 | **신기하다 신기해** 115
: 그냥 지나가기만 해도 계산이 된다고?

| 은행나무의 비밀 | **은행나무 길에서 전력 질주** 127
: 은행나무에서 똥 냄새가 나는 까닭은?

| 시각과 착시 현상 | **정전 건축의 비밀을 찾아라!** 140
: 보는 사람에 따라 색이 달라 보이는 원피스가 있다고?

| 플라스틱의 진실 | **플라스틱으로 만든 양털 옷** 154
: 내 옷이 공룡 시대에서 왔다고?

| 웃음의 비밀 | **하하, 호호!** 167
: 너무 웃으면 왜 배가 아플까?

| 생체 시계의 기능 | **우리가 한 팀이 될 수 있을까?** 179
: 아침형 인간, 저녁형 인간이 따로 있을까?

| 포장재에 숨겨진 과학 원리 | **취급 주의!** 191
: 완충재로 감싼 유리병은 왜 깨지지 않을까?

작가의 말

청 팀과 백 팀이 줄다리기를 하고 있어요. 한 팀당 20명으로, 모두 키와 몸무게가 비슷했지요. 경기가 시작되기 전부터 두 팀 모두 허리를 젖혀 자세를 한껏 뒤로 낮추고 두 다리를 벌려 단단히 버티고 있어요. 땅! 경기 시작 소리가 울리자 양쪽 선수들 모두 같은 리듬으로 줄을 당기기 시작했어요. 자, 어떤 팀이 이길까요?

바로 힘을 더 잘 이용한 팀이 이겨요. 양 팀 모두에게 잡아당기는 힘이 같게 작용하고, 선수들 모두 몸집과 몸무게가 고만고만한데, 자세마저 비슷하다면 잘 버티고 끌려가지 않는 팀이 유리하지요. 그러려면 마찰력을 이용해야 해요. 마찰력은 운동을 방해하는 힘으로, 물체와 접촉한 바닥 면에 작용해요. 그래서 바닥이 미끄러운 슬리퍼를 신은 학생들보다 바닥이 미끄럽지 않은 운동화를 신은 학생들이 이길 가능성이 커요.

당연한 결과라고요? 맞아요, 과학은 특별한 것이 아니라 우리 주변에 일어나는 당연한 일을 설명해요. 우리가 컵을 손으로 잡는 것과 식탁 위에 물컵이 놓여 있는 것이 마찰력 때문인 것처럼 말이에요. 정말 당연하지만, 마찰력이 없다면 우리는 물건을 잡을 수도 없고, 식탁 위의 그릇들은 빙판 위에 놓은 것처럼 미끄러져 버리고 말 거예요. 사람들은 마찰력을 이용해 자동차가 빗길에서 미끄러지지 않고 횡단보도 앞에 멈출 수 있는 타이어를 개발해요. 또, 높은 빌딩의 유리창을 닦는 로봇이나 전기를 생산해 내는 옷도 개발하지요. 이처럼 과학으로 우리 생활을 바라보면 흥미롭고 새로운 세계가 펼쳐져요. 그리고 그 원리를 적용해 생활 속

　문제를 해결하거나 세상을 더욱 발전시키지요.

　하지만, 여전히 과학이 어렵게 느껴진다고요? 걱정하지 마세요. 우리 생활을 살펴보는 일부터 시작하면 돼요. 과학은 홀로 있지 않고, 우리 생활 어디에나 있으니까요.

　이 책은 우리 생활의 한 장면을 과학으로 그려 주는 책이에요. 먼저 이 책에 등장하는 소미, 윤후, 지은이 같은 친구에게 주목해 보세요. 길고양이에게 관심을 주거나, 좋아하는 사람이 생겨 가슴이 콩닥콩닥 뛰고, 오디션 준비를 하거나, 늦잠을 자서 지각을 하기도 해요. 이런 평범하지만 재미난 생활의 한 장면을 통해 고양이, 사랑, 목소리, 비누, 인조 모피 등에 숨겨진 생활 속 과학을 찾을 거예요. 수식과 법칙에서 벗어난 우리 생활 속 과학 이야기를 통해 어린이 여러분은 궁금증을 해결하고, 과학적으로 탐구하고, 과학과 연결된 세상도 볼 수 있어요. 그러다 보면 어느새 과학은 우리 친구들과 더 가까워질 거예요. 그러니까 과학이 어렵다고 생각되는 친구, 과학과 친해지고 싶은 친구, 궁금한 점이 많은 친구는 여기 모이세요!

2022년 봄, 정윤선

길고양이 구출 작전

| 물질의 상태 |

"야옹, 야옹."

소미는 쪼그려 앉아 동 주민 센터 앞에 있는 헌 옷 수거함을 살폈어요. 헌 옷 수거함과 그 옆 담벼락 사이에 전봇대가 있어서 수거함 뒤쪽이 잘 보이지 않았어요.

소미는 전봇대와 수거함 사이로 난 좁은 틈에 얼굴을 바짝 댔어요. 자세히 보니 회색 줄무늬가 있는 작은 고양이가 울고 있었어요. 어제도 이 자리에서 봤던 고양이였지요.

"오늘도 혼자 있어?"

윤주가 소미 뒤에서 허리를 굽히며 물었어요.

"응. 어휴, 사방이 다 가로막혀서 혼자서는 나오기 힘들겠어."

소미는 걱정스러운 듯 말했어요.

몸을 이리저리 움직이며 헌 옷 수거함 뒤쪽을 살피던 강희는 아예 바닥에 손을 대고 엎드렸어요. 손이 하나 들어갈까 말까 한 수거함 바닥 사이 틈으로 하얀 털이 난 작은 발이 보였어요. 강희는 반가운 마음에 큰 소리로 외쳤어요.

"거기 있구나!"

"배고프겠다. 엄마가 있을까 봐 밥도 주지 않았는데."

"왜? 엄마가 있으면 밥을 주면 안 돼?"

"응, 새끼 고양이한테 사람 냄새가 나면 엄마 고양이가 버리고 간대."

강희는 소미의 말이 끝나기가 무섭게 얼른 일어나서 두세 발자국 뒤로 물러섰어요.

"며칠째 엄마 고양이는 보이지도 않고, 지금껏 아무것도 먹지 못한 것 같아. 오늘 밤에 비가 많이 온다는데, 아무래도 내가 데려가야겠다."

"소미야, 너 벌써 세 번째야. 너희 엄마가 고양이 더 데려오면 고양이 대신 네가 나갈 줄 알라고 하셨다며."

소미는 잔뜩 화가 난 엄마 얼굴이 떠올랐어요. 소미가 두 번째 고양이 '달이'를 데려갔을 때 엄마는 분명 이번이 마지막이라고 경고했어요. 순간의 마음으로 끝까지 책임질 수 없는 일을 하면 안 된다고 하면서요. 사실 소미도 고양이 두 마리 돌보는 일이 쉽지 않았어

요. 소미는 잠시 고민하다가 윤주의 손을 꼭 잡고 이야기했어요.

"윤주야, 너희 집에 데려가면 안 될까?"

윤주는 고개를 절레절레 저으며 말했어요.

"내 동생이 고양이 털 알레르기가 있어."

"아, 그래? 강희야, 혹시 너희 집은 어때?"

강희는 두 손을 크게 휘저으며 펄쩍 뛰었어요.

"우리 집? 할머니 때문에 힘들어. 우리 할머니가 고양이는 목숨이 아홉 개나 된다고 싫어하시거든."

강희의 말에 소미는 기분이 상해 눈썹 끝을 올리고 인상을 찡그리며 말했어요.

"그건 사람들이 지어낸 말이야. 영리하고 신체 조건이 좋아서 어떤 환경에서도 잘 살아남는다는 얘기를 그렇게 하는 거라고."

소미의 목소리가 점점 커지자 강희는 머리를 긁적이며 말을 얼버무렸어요.

"아니, 우리 할머니가 고양이를 안 좋아하신다고. 털도 많이 날리고……."

윤주가 그런 둘을 번갈아 바라보다가 소미에게 말했어요.

"우리 고양이 박사님, 무슨 다른 방법이 없을까?"

"음…… 우리 집 앞 동물 병원에 데리고 가 보자. 원장님이 고양이 보호 단체 일도 하시니까 무슨 수가 생길 거야. 지난번 '나비' 입양도 도와주셨고."

강희도 얼굴이 밝아졌어요.

"잘됐다. 그런데 어떻게 데려가지?"

"그러게. 나올 틈이 없어 보이는데? 너무 좁아서 우리 손목도 안 들어가겠어."

소미는 가방 앞주머니에서 고양이 간식을 꺼냈어요.

"이거면 밖으로 나올 거야. 내가 유인할 테니 이 카디건으로 고양이를 안아. 부드러워서 고양이도 편안해할 거야."

소미는 윤주에게 자신의 면 카디건을 벗어 주고는 수거함 아래로 간식을 밀어 넣었어요. 비릿한 생선 냄새가 솔솔 풍겼어요.

"그런데 이 좁은 틈으로 고양이가 나올 수 있을까?"

윤주가 걱정스레 물었어요.

소미는 아무 대답 없이 간식을 계속 흔들었어요. 잠시 뒤 고양이의 두 발이 보이더니 고양이가 바닥에 납작 엎드린 채 기어 나왔어요. 고양이는 조심조심 간식을 핥아 먹기 시작했어요. 소미가 간식을 조금씩 앞으로 당기자, 고양이도 간식을 따라 수거함 밖으로 나왔어요.

"와, 어떻게 저렇게 납작해질 수 있지? 고양이가 진짜 액체 맞나 봐!"

강희는 소리쳐 놓고 아차 싶었는지 쭈뼛거리며 소미에게 물었어요.

"소미야, 내가 인터넷에서 사진을 봤는데 우유가 바닥에 엎질러진 것처럼 고양이가 바닥에 납작하게 있거나, 동그란 그릇이나 네모난 그릇 모양에 맞게 쏙 들어가 있더라고. 정말 고양이가 액체야?"

윤주도 반짝이는 눈으로 소미를 쳐다보며 이야기했어요.

"나도 그거 봤어. 고양이가 정말 얼음이 녹아내린 것처럼 보였어. 정말이야?"

소미는 말없이 미소 지으며 옷으로 감싼 고양이를 받아 안았어요.

고양이는 정말 액체일까?

고양이는 둥그런 플라스틱 그릇 안에 들어가면 몸이 둥그렇게 변하고, 네모난 상자 안에 들어가면 네모난 상자를 다 채워요. 고양이가 좁은 문틈 사이를 빠져나오는 모습을 본다면, 정말 액체가 아닐까 하는 생각이 들 거예요. 그렇다면 고양이는 정말 액체일까요?

소미가 들려주는 이야기: 이그노벨상을 탄 고양이 연구

이그노벨상에 대해 들어 본 적 있어? 이그노벨상은 한 해 동안 기발하고 엉뚱한 연구를 한 과학자에게 주는 상이야. 2017년 이그노벨상 주인공은 고양이가 액체인지 알아보는 '고양이의 유변학적 연구'를 한 프랑스의 물리학자 마르크 앙투안 파르댕이었어. 유변학적 연구는 고양이가 액체처럼 변하는지를 알아본다는 뜻이야. 그는 이 연구를 하기 위해 수학 공식도 만들었지. 유리병 속에 들어가고, 높이 점프하고 몸을 쭉 뻗어 늘어뜨린 고양이들의 사진을 놓고 이 공식에 따라 액체인지 고체인지 이야기했어. 결론은 뭐였냐고? 바로 '때에 따라 다르다'야. 액체처럼 축 늘어질 때는 액체이고, 높이 점프해서 튕겨 오를 때는 고체라는 거지. 결론이 좀 시시하다고? 그렇게 생각할 수도 있어. 우리가 아는 액체의 정의와 다르기도 하고. 어떻게 보면 말장난 같지만 사랑스러운 고양이를 위해 공식을 만들고 관찰한 엉뚱한 연구였으니까 이그노벨상을 탄 거 아닐까?

 액체의 정체는 뭘까?

물, 식초, 우유, 식용유, 간장……. 액체는 우리 주변에서 흔히 볼 수 있어요. 이런 액체들은 맛과 냄새, 색이 모두 달라요. 어떤 액체는 물처럼 잘 흐르고, 어떤 액체는 식용유처럼 잘 흐르지 않지요. 물과 식용유를 섞으면 식용유가 물 위에 떠요. 이처럼 어떤 액체는 보다 가벼워 잘 뜨고, 어떤 액체는 보다 무거워 밑으로 가라앉아요.* 물론 액체의 공통적인 성질도 있어요. 액체는 흐르고 모양이 일정하지 않아서 담는 그릇에 따라 모양이 변해요. 또 힘을 가해도 부피가 거의 줄어들지 않아요.

> **밀도란?**
> 이는 밀도라는 성질 때문이에요. 밀도는 똑같은 부피에서의 질량을 말하고, 밀도가 크면 가라앉고 밀도가 작으면 떠요.

우리 주변에서 가장 쉽게 볼 수 있는 액체는 물이에요. 물은 흐르고, 담는 그릇에 따라 모양이 달라지지요. 물을 꽁꽁 얼리면 얼음이 되고, 팔팔 끓이면 수증기가 돼요. 우리는 얼음이나 수증기가 상태는 다르지만 본래 물이라는 것을 잘 알고 있어요. 물뿐만 아니라 거의 모든 물질은 온도에 따라 고체, 액체, 기체 상태로 있어요.

왜 물질의 상태가 변하지?

물질은 눈에 보이지 않는 아주 작은 '분자'라는 입자로 이루어져 있어요. 물질의 상태가 달라지는 것은 온도에 따라 분자들의 움직임이 달라지기 때문이에요. 온도가 낮으면 분자들은 열을 빼앗겨 움직이지 못하고 제자리에서 뱅글뱅글 돌거나 부르르 떨기만 하는 고체 상태로 있어요. 하지만 온도를 조금 높여 열을 얻게 되면 분자들이 움직여요. 이 상태가 흐를 수 있는 액체 상태지요. 온도를 더 높여 열을 많이 얻게 되면 분자들이 훨씬 활발히 움직일 수 있어서 공간을 많이 차지하는 기체 상태가 돼요.

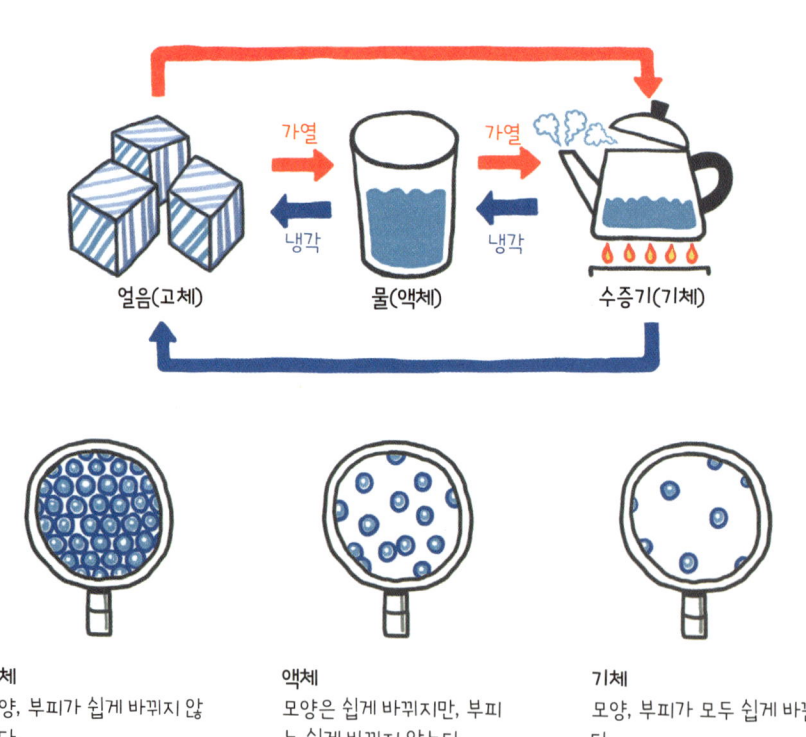

고체
모양, 부피가 쉽게 바뀌지 않는다.

액체
모양은 쉽게 바뀌지만, 부피는 쉽게 바뀌지 않는다.

기체
모양, 부피가 모두 쉽게 바뀐다.

물질의 상태 변화

고양이, 넌 누구니?

고양이는 고양잇과의 포유류예요. 쥐나 작은 새, 개구리를 잡아먹는 육식 동물인 고양이는 타고난 사냥꾼의 몸을 가졌어요.

고양이는 사물을 입체적으로 볼 수 있고, 빛이 희미해도 사물이 보여요. 아주 가까운 것을 또렷이 보기보다는 움직이는 것을 보는 데 알맞아요. 또 날쌘 발놀림을 자랑하지요. 발톱을 살 속에 감출 수 있어서 사냥할 때나 나무를 탈 때 좋아요. 흔히 우리가 '젤리'라고 부르는 발바닥 볼록 살은 감각이 예민해 무엇을 밟았는지 쉽게 알 수 있고, 쿠션 역할을 해 소리 내지 않고 걸을 수 있어요. 뇌는 방향을 잘 알 수 있도록 발달해서 영역을 잘 알 수 있어요. 귀를 180도로 움직일 수 있어 아주 작은 소리도 들을 수 있어요. 수염을 통해 공기의 흐름까지 느낄 수 있지요. 그러나 고양이는 인간과 살면서 다양한 먹이를 먹는 상냥한 동물이 되었지요.

고양이는 정말 액체일까?

고양이를 큰 그릇에 들어가게 하면 뾰족 솟았던 귀를 털 속으로 숨기면서 그릇 모양대로 변해요. 마치 액체처럼요. 하지만 우리가 알고 있는 액체는 분자들의 운동이 자유로워져서 흐를 수 있는 상태예요. 고양이가 액체인지 확인하려면 일단 몸의 부분들이 액체인지 살펴봐야 해요. 고양이 몸이 모두 한 물질로 이루어져 있지 않기 때문이지요.

고양이의 털을 살펴보세요. 털 하나가 흐르나요? 액체인가요? 털 하나는 흐르지 않고 모양은 그대로예요. 고양이의 뼈를 볼까요? 단단한 고양이의 뼈는 둥근 그릇에 담겨 있을 때나 문틈 밑을 통과할 때나 딱딱하게 만져지는 고체예요. 눈도, 근육도, 발톱도 모두 마찬가지지요. 물론, 고양이 몸속을 흐르는 피는 액체예요. 피가 액체인 것은 굳이 보지 않아도 알지요? 이처럼 고양이의 어떤 부분은 고체이고, 어떤 부분은 액체예요. 그렇기 때문에 고양이를 액체라고 하기는 어려워요.

고양이는 어떻게 액체처럼 행동할까?

액체가 아니면서도 액체처럼 행동하는 고양이! 고양이는 어떻게 이런 신비한 능력을 가지게 되었을까요?

답을 찾기 위해 고양이를 오래 관찰하고 아프지 않도록 살살 만져 보고 고양이에 관한 책을 찾아보거나 수의사 선생님께 여쭤볼 수도 있어요. 이렇게 알아본 방법들로 고양이가 어떻게 액체처럼 행동하는지 정리해 볼까요?

고양이의 피부는 잘 늘어나요. 서 있는 고양이를 잘 살펴보면 배부터 뒷

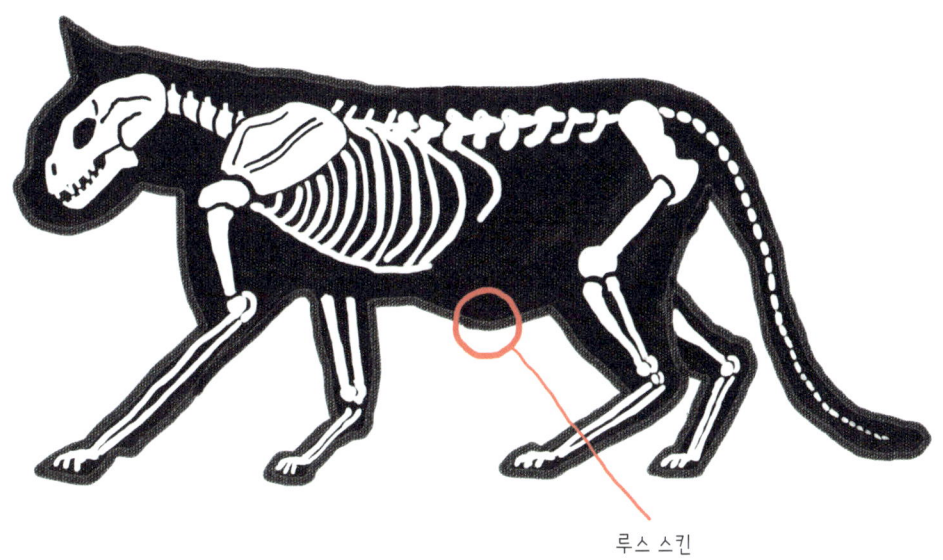

고양이 루스 스킨과 뼈

다리 관절로 이어지는 부분의 피부가 늘어진 것을 볼 수 있어요. 이 부분을 '루스 스킨(loose skin)'이라고 해요. 루스 스킨은 고양이가 점프할 때 뱃가죽이 당기는 것을 막고, 적이 공격해 올 때 내장 기관을 보호해 줘요.

고양이는 높은 곳에서 떨어져도 균형을 잡을 수 있어요. 부드러운 근육이 충격을 흡수해 주기 때문이에요.

또 고양이는 사람보다 뼈가 많아요. 사람이 보통 200여 개의 뼈를 갖고 있는데 사람보다 더 작은 몸에 240여 개의 뼈를 갖고 있어요. 그만큼 몸을 더 많이 구부릴 수 있다는 뜻이지요. 또 고양이의 허리뼈에는 앞쪽을 향한 돌기가 있어 유연하게 움직일 수 있어요.

마지막으로 고양이는 털이 길고 풍성해요. 부드러운 털이 몸의 빈틈을 채워 마치 고양이 몸이 그릇을 채워 액체처럼 보이도록 해 주지요.

    공간에 딱 맞추어 모양이 변하는 고양이, 이제 액체가 아니라 액체처럼 보이는 것이란 사실을 이해할 수 있겠지요?

두근두근 콩닥콩닥

| 심장과 자율 신경 |

"지은아, 너 지금 봤어?"

피구 대회가 한창인 운동장에는 함성이 가득했어요. 스탠드에 앉아 운동장을 보고 있던 하윤이가 지은이 팔을 툭툭 치며 말했어요.

"뭘 봐? 3반 남자애가 공 맞은 거?"

지은이는 운동장을 보고 덤덤하게 말했어요.

"아니, 저기 반대편 2반 전학생 석이 말이야. 공 던지는 거 봤어? 한 손으로 가볍게 던진 공이 2반 진구 옆구리에 내다 꽂혔잖아. 쟤 축구부라서 축구만 잘하는 줄 알았는데 공도 잘 던지네. 멋지다!"

하윤이는 운동장에 시선을 고정한 채 양손을 모으고 하트로 변한 눈을 반짝이며 말했어요. 지은이는 운동장을 한번 살피고는 시큰둥하게 말했어요.

"난 또 뭐라고."

"그럴 게 아니야. 쟤가 운동만 잘하는 줄 아니? 전학 오자마자 수학 경시대회에서 1등 한 데다가 매너까지 좋대. 전학 온 뒤로 애들이 다 난리야."

"누가 전학 올 때마다 애들 그러는 거 어디 한두 번이야? 쉬는 시간마다 전학생 보러 몰려다니기 일쑤잖아. 뭐 특별한 일도 아닌 것 같은데?"

"쟤는 좀 달라. 이제 3반 한 명 남았다. 우아, 석이가 공을 받았어!"

하윤이는 운동장에서 눈을 떼지 않은 채 말했어요. 지은이도 하윤이를 따라 운동장을 보았어요. 조금 전 3반 여자아이 한 명을 맞히고 튕겨 나간 공을 2반 남자아이가 한 손으로 낚아채 가슴 높이로 들고 있었어요. 저 아이가 석이인 것 같았어요.

석이는 3반 코트 밖에 서 있는 여자아이에게 고갯짓을 한 다음 공을 던졌어요. 공을 받은 여자아이는 반대편에 있는 남자아이에게, 그 남자아이는 공을 받자마자 다시 코트 안 석이에게 던졌어요. 삼각 패스로 공이 돌아가는 동안 3반 남자아이는 공을 피하느라 바빴어요. 그렇게 서너 바퀴쯤 돌았을 때 석이가 공을 왼편으로 패스하는가 싶더니 갑자기 오른팔을 높이 뻗어 올리고는 점프하며 3반 남자아이에게 던졌어요. 지은이는 순간 심장이 잠시 멈춘 것 같았어요. 그렇게 높은 점프를 본 적이 없었거든요. 3반 남자아이는 결국 석이의 공에 오른쪽 어깨를 맞고 말았어요. 모두 순식간에 일어난 일이었어요.

"봤어? 석이 진짜 멋져!"

하윤이가 물었지만, 운동장을 가득 메운 함성에 지은이의 얼떨떨한 대답은 묻혔어요. 곧이어 운동장 본부석에서 안내 방송이 흘러나왔어요. 준결승은 6학년 2반의 승리이고 점심시간이 지난 후 7반과 결승 경기가 있을 거라는 안내였어요.

점심을 먹고 지은이는 화장실 앞에서 하윤이를 기다리고 있었어요. 곧 있을 결승전을 위해 지은이는 가볍게 콩콩 뛰며 몸을 풀었어요. 그때 뒤에서 이야기하는 소리가 들려왔어요.

"너, 2반 석이 얘기 들었어?"

"무슨 얘기?"

"지난주에 효주가 집에 갈 때 봤는데, 1학년 남자애가 운동장에 넘어져서 울고 있었대. 그런데 지나가던 석이가 그 아이를 일으켜 주고 옷도 털어 주고 달래 주면서 학교 정문까지 데려다줬대."

"나도 들었어. 걔는 끝까지 남아서 청소 정리까지 하고 간다며? 누가 시키지도 않았는데 말이야. 진짜 그런 애가 어디 있어. 우리 반으로 전학 오지, 왜 2반으로 갔는지 몰라."

아이들이 하윤이처럼 목소리를 높이며 이야기하는 것을 듣고 지은이는 피식 웃었어요. 그러면서도 그 이야기를 끝까지 듣느라 뛰

는 것을 멈추고 괜히 기지개를 폈어요.

 조금 지나 하윤이가 화장실에서 나오고 둘은 운동장으로 걸음을 옮겼어요. 운동장에서는 벌써 반 아이들이 삼삼오오 모여 전의를 다지고 있었어요.

 "지난번 2반에게 진 빚을 갚아야지? 오늘 이기면 내일 피자 파티다! 반장, 공 가져와."

 담임 선생님께서 달콤한 제안을 하자 아이들은 소리를 지르며 좋아했어요.

 지은이가 공을 가지러 본부석을 향해 가고 있는데, 선생님이 지은이를 불렀어요.

 "참, 반장! 본부석에서 선생님 모자도 가져다줄래?"

 지은이는 선생님 말씀에 뒤를 돌아 대답하고는 다시 본부석을 향해 몸을 돌리다가 무엇인가에 부딪쳐 바닥에 주저앉았어요.

 "아, 미안해."

 지은이가 고개를 들자 피구 공을 들고 있는 남자아이가 허리를 숙여 걱정스러운 얼굴로 지은이를 내려다보고 있었어요. 그 남자아이 눈이 하도 맑아서 지은이의 모습이 다 비칠 정도였어요. 지은이는 잠시 숨이 멎는 듯했어요.

 "괜찮아? 정말 미안해. 공을 받으려다가 미처 보지 못했어."

 지은이는 괜찮다고, 나도 앞을 보지 못했으니까 미안하다고 말하려고 했어요. 그런데 이상하게 아무 말도 할 수가 없었어요. 지은이는 간신히 고개를 끄덕이며 땅을 짚고 일어서서 엉덩이를 털었어요.

"정말 괜찮아? 다음부터는 조심할게."

남자아이는 지은이가 고개를 끄덕인 것을 본 다음에야 스탠드를 향해 달리기 시작했어요. 그 아이가 지나간 자리에서 풀 냄새가 나는 것 같았어요.

이상한 일이었어요. 지은이는 얼굴이 화끈거리고 심장이 빠르게 뛰는 것을 느꼈어요. 백 미터 달리기를 한 것처럼 심장 뛰는 소리가 턱밑에서 들리는 것 같았어요.

"지은아, 괜찮아? 바로 쟤야, 2반 석이."

어느새 왔는지 하윤이가 지은이에게 속삭였어요.

지은이는 심장 뛰는 소리가 하윤이한테 들리지는 않을지 걱정이 되었어요. 잠시 숨을 멈추어 보았지만 심장 뛰는 소리는 여전히 온몸에 울리고 있었어요.

사랑을 하면 정말 가슴이 두근거릴까?

여러분은 혹시 누군가를 보고 가슴 뛴 적이 있나요? 보통 사람들은 좋아하는 사람을 보면 가슴이 콩닥콩닥 뛰고 자기도 모르게 얼굴이 빨개져요. 그래서 사랑은 숨길 수 없다고 하지요. 그런데 부끄럽기도 하고 상대방이 어떻게 생각할지 몰라서, 들키지 않으려고 온몸에 힘을 주는데도 내 몸이 내 마음대로 되지 않을 때가 있어요. 왜 그런 걸까요?

지은이가 들려주는 이야기: 사랑을 표현하는 하트

손가락 하트, 손 하트, 양팔 하트, 깨물 하트. 너희는 좋아하는 사람한테 어떤 하트를 가장 많이 보내? 나는 손가락 하트를 많이 보내는데.

하트가 사랑의 상징이 된 건 심장 모양을 닮았기 때문이야. 고대 이집트 사람들은 심장에 영혼이 깃들어 있다고 생각해서 사람이 죽고 나면 심장의 무게를 저울에 달았어. 또 심장에 사랑이 담겨 있다고 생각해서 심장이 사랑으로 차오른다고 노래를 불렀대. 그러니 하트와 사랑, 사랑과 심장은 아주 오래전부터 관계가 있었다고 할 수 있어.

하트 모양을 사랑의 의미로 많이 쓰기 시작한 것은 중세 시대부터야. 상류층이 사용하던 그림, 보석, 조각 등에서 하트 모양을 볼 수 있지.

하트 모양은 휴대폰 메시지를 보낼 때 쓰는 이모지* 덕분에 많은 사람들이 쓰게 되었어. 처음에는 176개의 이모지 중 하트는 5개 정도였는데, 지금은 셀 수 없이 많아. 너희들은 오늘 누구에게 하트를 보낼 거야?

* 이모지(emoji) 일본어로 그림을 뜻하는 'e'와 캐릭터를 뜻하는 'moji'를 합한 말로, 모바일에서 쓰는 그림 문자를 뜻함.

 **두근두근 심장**

가슴이 두근거리는 것은 왼쪽 가슴에 있는 심장 때문이에요. 심장은 하루 종일 잠시도 쉬지 않고 두근거려요. 사실 심장이 두근거리는 것은 누군가를 좋아하는지, 좋아하지 않는지와 아무 상관이 없어요. 사랑하거나 좋아하는 사람을 보았을 때 심장이 평소보다 더 빨리 두근거릴 뿐이죠.

심장이 두근거리는 이유는 혈액을 내뿜어 우리 몸 곳곳으로 보내 순환시키기 위해서예요. 심장은 두꺼운 근육으로 되어 있어서 규칙적으로 수축과 이완을 반복하며 두근거릴 수 있지요.

사람의 심장은 두 개의 심방과 두 개의 심실로 되어 있어요. 우심방은 정맥을 통해 온몸을 돌고 나온 혈액이 심장으로 들어오는 곳이고, 우심실은 혈액을 폐로 보내는 곳이에요. 좌심방은 폐를 지나온 혈액이 들어오는 곳이고, 좌심실은 혈액을 온몸으로 내보내지요. 심방과 심실 사이, 심실과 동맥 사이에는 판막이 있어서 혈액이 거꾸로 흐르는 것을 막아 줘요.

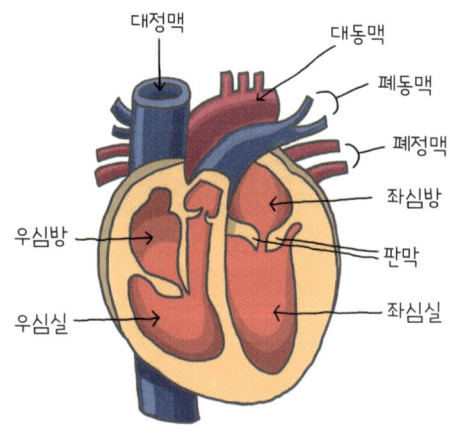

심장의 구조

왜 심장은 혈액을 몸 곳곳으로 보낼까?

심장은 온몸의 세포에 산소와 영양분을 공급하고, 노폐물과 이산화 탄소를 운반하기 위해서 혈액을 온몸으로 보내요. 혈액은 온몸을 돌면서 면역 기능을 하고 체온을 조절해요.

심장이 한 번 박동하면 혈액이 혈관을 따라 온몸 구석구석으로 이동해요. 혈관에는 크게 심장에서 나오는 혈관인 대동맥과 동맥, 심장으로 들어가는 혈관인 대정맥과 정맥, 동맥과 정맥을 잇는 아주 가느다란 모세 혈관이 있어요.

혈액은 액체 성분인 혈장과 고체 성분인 혈구로 되어 있어요. 혈구는 침입한 병균을 잡아먹는 백혈구와 상처가 날 때 혈액을 응고시키는 혈소판, 그리고 산소를 운반하는 적혈구가 있어요.

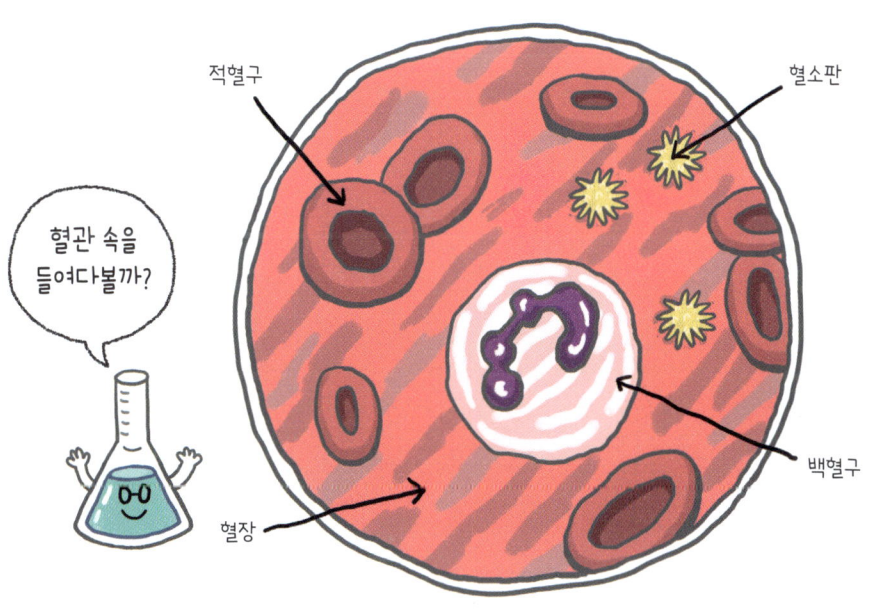

혈관 속 백혈구, 적혈구, 혈소판, 혈장

적혈구에 있는 빨간색의 헤모글로빈은 산소와 결합해요. 적혈구는 혈관을 따라 돌면서 온몸 구석구석의 세포에 산소를 운반해요. 모세 혈관의 벽은 얇기 때문에 산소를 세포에 전할 수 있어요. 각각의 세포는 이렇게 공급받은 산소로 우리가 살아가는 데 필요한 에너지를 만들어요.

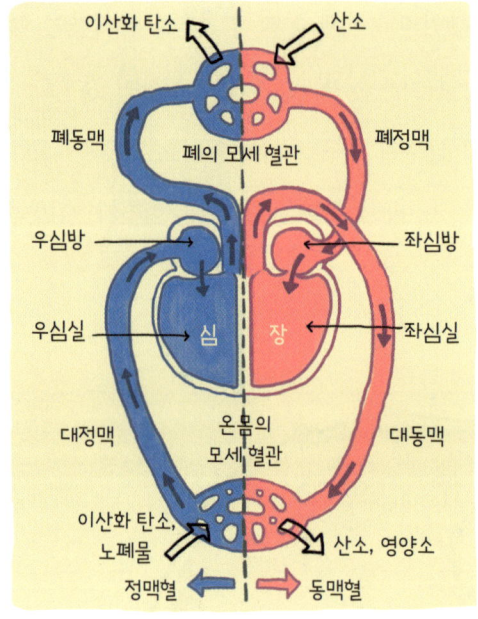

❶ 우심실에서 폐동맥으로 나온 혈액은 폐로 가서 산소와 결합해요.
❷ 산소와 결합한 혈액은 폐정맥을 통해 나와 심장으로 가요.
❸ 심장으로 간 혈액은 좌심방, 좌심실을 지나 대동맥으로 나와요.
❹ 혈액은 온몸에 퍼진 모세 혈관을 돌며 세포에 산소를 전해 줘요.
❺ 산소를 전해 주고 노폐물을 받아 온 혈액은 대정맥을 지나 우심방을 거쳐 우심실로 가요.
❻ ①~⑤의 과정이 계속 반복돼요.

혈액 순환 과정

 누가 심장을 빨리 뛰게 만들까?

심장이 빨리 뛰도록 조절하는 것은 자율 신경이에요. 자율 신경은 우리 몸의 기능을 자동으로 조절하는 신경을 말해요. 신경(신경계)은 자극을 전달하고, 판단하고, 반응하는 기관이지요.

어떤 자극을 받으면 말초 신경*이 뇌와 척수 같은 중추 신경*에 자극을 전달해요. 중추 신경에서 어떻게 반응할지 명령을 내리면, 말초 신경은 다시 운동 기관에 반응을 보내요. 예를 들어 축구공을 보고 발로 찰 때 어느 쪽으로 찰지 판단하고 우리 몸을 조절해 공을 차지요. 하지만 위급한 상황에서는 내가 알지 못하는 사이 자율 신경이 자동으로 우리 몸을 조절해요. 우리 몸을 항상 적절한 상태로 유지해 주는 것도 자율 신경이지요. 그래서 호흡, 혈액 순환, 체온 조절, 대사, 소화, 분비, 생식* 같은 생명을 유지하는 중요한 활동은 내 몸이지만 내 마음대로 조절할 수 없어요.

> **우리 몸이 생명을 유지하기 위해 하는 활동**
>
> 우리 몸은 생명을 유지하기 위해 다양한 활동을 해요. **호흡**은 산소를 들이마시고 내쉬는 과정을 말해요. **혈액 순환**은 혈액이 온몸을 돌며 산소와 영양분을 주고 노폐물을 걸러 내는 과정을 말해요. **체온 조절**은 체온을 항상 36.5℃로 일정하게 유지하는 과정을 말해요. **대사**는 우리 몸의 물질들을 합성하거나 분해하는 모든 과정을 말해요. **소화**는 음식을 영양분으로 분해해 흡수하는 과정을 말해요. **분비**는 땀, 효소 등 물질을 내보내는 과정을 말해요. **생식**은 자기와 닮은 자손을 번식하게 하는 과정을 말해요.

영화를 보면 왜 오싹해질까?

좀비나 귀신이 나오는 무서운 영화를 볼 때 소름이 돋고 오싹해질 때가 있어요. 이때도 우리 모르게 자율 신경이 작용해요. 무서운 영화를 보면서 공포를 느끼면 자율 신경이 입모근을 수축시켜요. 입모근은 피부에 있는 털을 세우는 근육이지요. 이때 털이 바짝 서며 닭살이 돋는 거예요. 또 피부 혈관이 수축해 혈액 공급이 줄어들어요. 피부 혈관에 혈액 공급이 줄어들면 피부 온도도 내려가지요. 그래서 사람들은 무서운 영화를 볼 때 오싹

말초 신경 온몸에 뻗어 자극과 명령을 전달하는 역할을 하는 기관으로, 중추 신경과 연결되어 있음.
중추 신경 신경 기관의 하나로, 받아들인 자극을 분석, 판단하고 명령을 내리는 역할을 함.

함을 느끼고 '등골이 서늘하다'라고 하는 거예요.

좋아하는 사람을 보면 왜 심장이 빨리 뛸까?

자율 신경은 교감 신경과 부교감 신경으로 이루어지고 이 둘은 반대의 성격을 띠어요. 교감 신경은 위급한 상황에 대처할 때 힘을 발휘해요. 흥분하거나 긴장하는 상황 말이지요. 교감 신경이 힘을 발휘하면 심장이 빨리 뛰고, 동공이 커지며, 침이 마르고, 소화가 잘 안 돼요. 방광이 수축되어 화장실에 가고 싶어지고, 땀이 분비되지요.

부교감 신경은 반대로 우리 몸의 에너지를 절약할 때 힘을 발휘해요. 심장은 천천히 뛰고 눈동자의 동공이 수축하고 소화가 잘되며 방광이 이완되어 화장실에 별로 가고 싶지 않아요. 또 침이 많아지지요.

> **길항 작용?**
> 교감 신경과 부교감 신경은 서로를 억제하며 조절해요. 이를 '길항 작용'이라고 해요.

교감 신경과 부교감 신경은 서로 협력해서* 우리 몸을 항상 일정한 상태로 유지해요.

좋아하는 사람을 보면 먼저 뇌에서 감정 변화가 일어나고 자기도 모르는 사이에 교감 신경이 힘을 발휘해요. 심장이 빨리 뛰면서 동공이 커지는 이유가 바로 그 때문이랍니다. 물론 긴장 상태가 지나고 나면 부교감 신경이 작용하여 원래대로 돌아오니까 걱정하지 않아도 돼요.

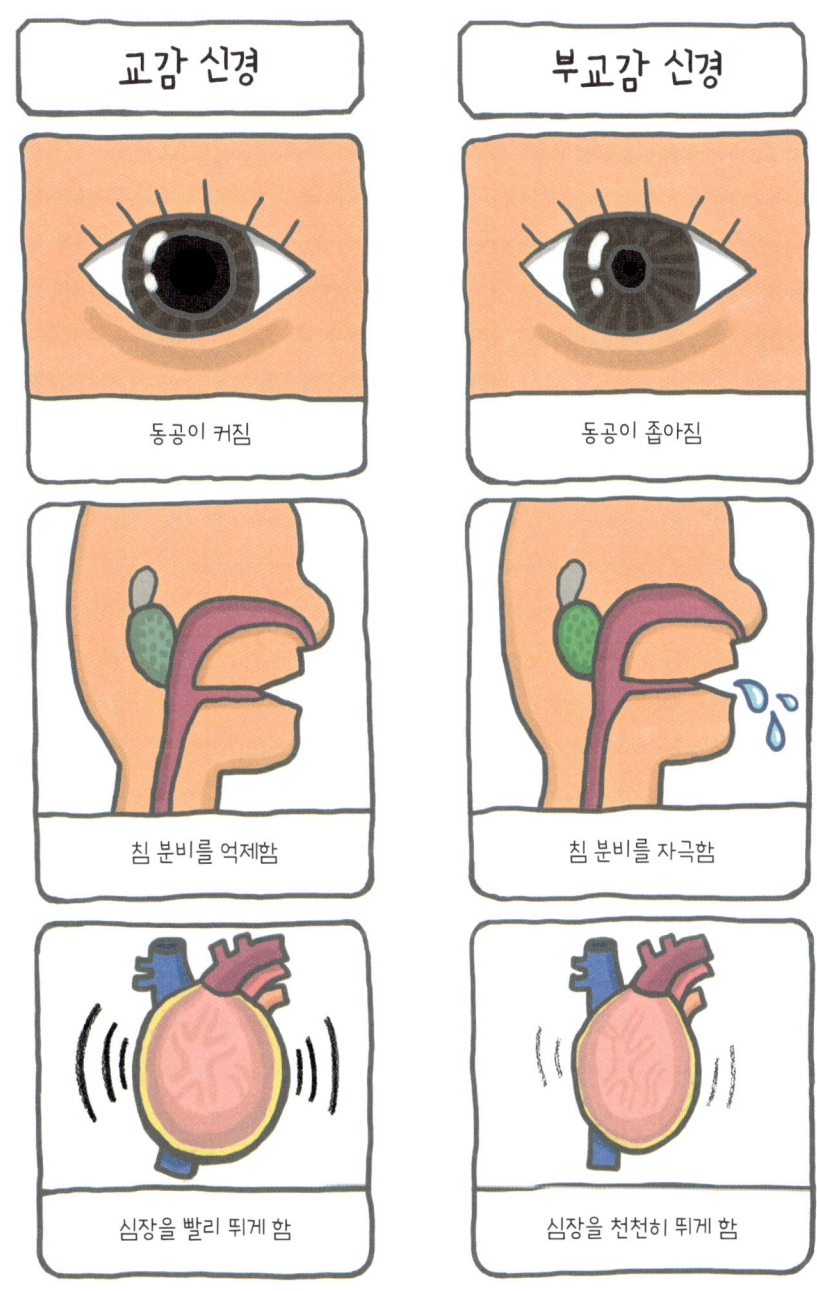

교감 신경과 부교감 신경의 역할

내 목소리가 이상해!

| 소리와 청각 |

"은후야, 음악은 취미로 하는 게 좋지 않겠니?"

아빠의 말씀에 은후는 오늘도 대답하지 못했어요. 아빠는 벌써 한 달째 같은 말만 반복하고 있어요. 그런데 어쩐 일인지 엄마가 한 발 물러서며 말했어요.

"정 하고 싶으면 오디션에 붙은 다음에 얘기해. 만약 네가 재능이 있다면 기획사에서도 알아볼 거야. 보컬 학원은 그때 다녀도 늦지 않아."

한 달 전, 은후는 오랫동안 생각한 것을 부모님께 진지하게 말씀드렸어요.

"엄마, 아빠, 저 가수가 되고 싶어요. 다른 어떤 것보다 노래는 정말 자신 있어요. 음악 선생님도 제 목소리가 좋다고 하셨고요. 오디션을 볼 거예요. 그러려면 발성법을 배워야 해요. 엄마, 아빠, 저 보컬 학원에 보내 주세요."

은후의 말에 아빠와 엄마는 당황한 얼굴로 한참을 생각하다가 세상에 노래 잘하는 사람이 얼마나 많은지, 그중에 가수로 성공하는 사람은 얼마나 적은지 말했어요. 엄마는 겉으로 화려해 보이는 연예인 생활이 그리 쉽지만은 않다고 하면서 어린 나이에는 연예인 준비를 하는 것보다 지금 시기에 배워야 할 것을 배우는 것이 더 중요하다고 말했어요.

은후는 부모님께 몇 번을 다시 말씀드려 보았지만 부모님은 허락하지 않았어요. 은후는 심각한 고민에 빠졌어요.

"그래서 진짜 가수 포기할 거야?"

점심시간에 은후는 윤아에게 그동안의 이야기를 털어놓았어요. 윤아는 눈을 동그랗게 뜨고 물었어요.

"아니, 마지막에 엄마가 혼자서라도 오디션에 붙으면 다시 생각해 본다고 하셨으니까 일단 오디션 보려고."

은후는 매일 점심시간마다 혼자 노래 연습을 했어요. 가르쳐 줄 사람은 아무도 없었지만, 인터넷과 책에서 발성법을 찾아 따라 했어요.

"윤아야, 너 이거 봤어?"

은후는 윤아에게 휴대폰으로 영상을 하나 보여 주었어요. 유명 기획사 공개 오디션 홍보 영상이었어요.

"이 기획사에서 공개 오디션을 한대. 가창력만 보고 뽑는대. 초등학생도 지원할 수 있어."

"나도 이거 봤어. 3년 만에 열리는 거라며?"

윤아는 은후보다 더 좋아하는 눈치였어요.

"예선은 노래를 녹음해서 보내야 하는데…… 잘할 수 있을까?"

"그럼, 넌 우리 학교에서 제일 노래 잘하잖아. 이번에 오디션 통과하면 부모님께서도 다시 생각해 보실 거야. 네 힘으로 한 거니까."

"정말 그럴까?"

"응, 하고 싶은 일이니까 열심히 해 봐. 그런데 무슨 노래 할 거야?"

"내가 준비한 노래는 말이지……."

은후는 숨을 크게 들이마셔 호흡을 가다듬었어요.

우주에서 떨어진 별 하나, 빛을 찾을 때까지

윤아는 은후가 노래를 부르는 동안 휴대폰으로 은후 노래를 녹음했어요.

은후가 노래를 마치자 윤아는 종료 버튼을 눌렀어요.

"은후야. 좋은데? 그동안 연습 많이 했나 봐!"

윤아가 기쁜 표정으로 휴대폰의 재생 버튼을 누르자 은후의 노랫소리가 들렸어요.

우주에서 떨어진 별 하나, 빛을 찾을 때까지

"어, 녹음이 이상하게 된 거 아니야? 내 목소리가 이상하잖아."
은후는 윤아의 휴대폰을 가까이 들여다보며 말했어요.
"무슨 소리야. 네 목소리랑 똑같은데."
"아니야, 내 목소리가 이렇게 이상할 리가 없어. 내 목소리는 조금 더 낮단 말이야. 다시 녹음해 보자."
윤아는 고개를 갸우뚱하면서 휴대폰의 녹음 버튼을 눌렀어요. 은후도 목소리를 가다듬고 다시 노래를 시작했어요.

우주에서 떨어진 별 하나, 빛을 찾을 때까지

은후가 노래를 다 마치자 윤아가 재생 버튼을 눌렀어요.

우주에서 떨어진 별 하나, 빛을 찾을 때까지

"아니야, 내 목소리가 이렇다고? 아무래도 네 휴대폰이 이상한 것 같아. 내 걸로 녹음하자."

윤아는 무슨 소리냐며, 은후 목소리와 똑같다고 하면서 네 귀가 이상한 것 같다고 이야기했어요. 하지만 은후는 그럴 리가 없다며 목소리를 가다듬고 다시 자기 휴대폰 녹음 버튼을 눌렀어요.

"자, 시작."

우주에서 떨어진 별 하나, 빛을 찾을 때까지

하지만 이번에도 노래를 마친 은후는 자기 목소리가 아닌 것 같다며 휴대폰 탓을 했어요.

"야, 김은후, 이거 네 목소리 맞다니까! 정 못 믿겠으면 네 귀를 막고 노래 불러 봐!"

"무슨 소리야? 귀를 막으면 어떻게 소리를 들어?"

"일단 그냥 해 봐."

은후는 윤아의 재촉에 양손으로 귀를 막고 심호흡을 한 다음 다시 노래를 시작했어요.

우주에서 떨어진 별 하나, 빛을 찾을 때까지

은후는 노래를 부르다 말고 잠시 머뭇거리다가 다시 귀를 막고 노래를 불렀어요.

우주에서 떨어진 별 하나, 빛을 찾을 때까지

은후는 귀를 막고 노래의 앞부분만 여러 번 부르다가 울음이 터질 듯한 얼굴로 윤아에게 말했어요.

"윤아야, 아무래도 이상해. 내 목소리가 아니야. 이건 마치 내 안에 또 다른 내가 있는 것 같잖아? 대체 왜 이러는 거야?"

그러자 윤아는 웃기 시작했어요. 한참을 소리 내어 깔깔 웃던 윤아는 어리둥절해하는 은후의 어깨를 툭툭 다독여 주었어요.

귀를 막고 말하면 왜 목소리가 이상하게 들릴까?

아름다운 목소리의 기준이 있을까요? 맑은 목소리, 낮고 차분한 목소리, 크고 우렁찬 목소리……. 어떤 목소리가 아름답다고 콕 집어 이야기할 수 없어요. 사람마다 목소리가 모두 다르고 개성이 있기 때문이에요. 그런데 귀를 막고 말하면 내가 평소에 알고 있던 목소리와 다르게 들린다니, 어떻게 된 일일까요?

 은후가 들려주는 이야기: 언제부터 노래를 불렀을까?

세상에는 아름다운 소리를 내는 악기가 많아. 바이올린은 줄을 활로 진동시켜 소리를 내고, 플루트는 입으로 관을 불어 관 속의 공기를 진동시켜 소리를 내지. 그중에 단연 돋보이는 악기는 사람 목소리야. 사람들은 목소리로 다양한 노래를 불러. 오페라처럼 청아하고 웅장한 목소리를 내기도 하고, 발라드처럼 잔잔하고 조용한 멜로디를 부르기도 하고, 빠르고 경쾌한 댄스 음악에 맞춰 목소리를 내기도 해. 목소리의 떨림을 이용한 스위스의 요들송도 있고, 반주 없이 여러 사람의 목소리로 화음을 맞춰 부르는 아 카펠라도 있지. 그런데 사람들은 언제부터 노래하기 시작했을까?

노래는 아주 오래전에 시작되었어. 고려 시대에는 '얄리얄리 얄라셩'이라는 재밌는 후렴구가 나오는 '청산별곡'이라는 노래도 있었고, 훨씬 더 거슬러 올라가면 구석기 시대 사람들도 노래를 불렀대. 프랑스의 고고학자인 이에고르 레즈니코프는 동굴 탐사를 할 때 노래를 불렀다고 해. 동굴 속 울림이 좋은 곳마다 구석기 시대 사람들이 남긴 벽화가 있었거든. 게다가 벽화에는 동굴의 울림소리와 비슷한 울음소리를 가진 동물 그림도 있었지. 구석기 시대 사람들이 캄캄한 동굴 속에서 길을 찾는 데 노래가 중요한 역할을 한 거야.

 소리의 정체는?

소리는 물체가 진동하면서 생긴 음파가 공기를 통해 우리 귀에 전달된 것을 말해요. 그런데 음파가 어떻게 공기를 통해 전달될까요?

잔잔한 호수에 돌을 하나 던져 보면, 돌이 물의 표면에 닿는 순간 물결이 동그라미를 그리며 물을 타고 퍼져 나가는 것을 볼 수 있어요. 이처럼 어떤 물체에 진동이 발생하면 이 진동은 공기를 타고 멀리 퍼져 나가요. 이를 가리켜 소리의 파동이라는 뜻으로 '음파(音波)'라고 해요. 음파가 우리 귀로 들어오면 소리를 들을 수 있지요.

소리가 전달되려면 공기처럼 소리를 전달하는 물질이 꼭 있어야 해요. 그래서 공기가 없는 우주에서는 소리가 들리지 않아요.

고체 물질의 진동으로 나는 소리 외에도, 공기의 흐름에 따라 나는 소리도 있어요. 제트기가 지나갈 때 나는 소리처럼요.

소리는 상온의 공기 중에서 1초에 340m를 가는 빠르기로 전달돼요.* 빛은 아주 빨라서 1초

> **소리의 속도**
> 소리의 속도는 340m/s예요. m/s는 빠르기를 나타내는 속도의 단위로 '미터 퍼 세컨드(meter per second)'라고 읽어요.

음파의 전달

에 30만 km를 가요. 그래서 번개가 치면, '번쩍' 하는 빛이 먼저 보이고 '우르릉 쾅쾅' 하는 소리는 나중에 들리는 거예요.

소리는 고체나 액체를 통해서도 전달될 수 있어요. 책상에 귀를 대고 엎드린 뒤 책상을 손으로 두드리면 책상의 진동으로 소리가 들리는 것처럼 말이지요. 소리는 고체에서 가장 빨리 전달되고, 기체에서 가장 늦게 전달돼요.

목소리는 어떻게 나올까?

목소리는 사람이 음성 기관을 통해 내는 소리를 말해요. 우리 몸의 음성 기관에는 폐, 성대, 목젖, 혀, 잇몸, 입천장 등이 있어요. 폐에서 공기를 만들어 음성 기관을 거치면서 소리로 변하지요. 폐에서 나온 공기는 먼저 성대를 지나요. 성대는 공기를 진동시켜 음파를 만들어 내요. 성대

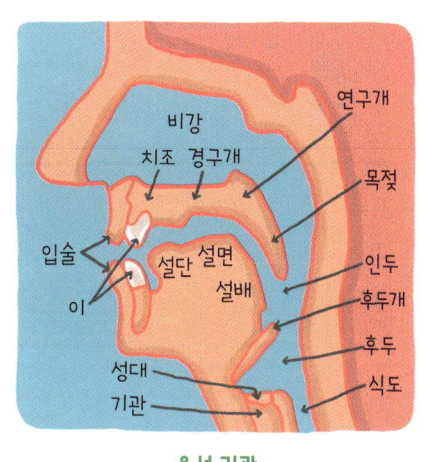

음성 기관

가 열리고 닫힘에 따라 소리가 달라져요. 성대를 지난 소리는 목젖, 혀, 잇몸, 입천장을 통과해 나와요. 목젖을 올려 공기를 내보내면 소리는 입을 통해 나가고, 목젖을 내려 공기를 내보내면 코로 나가는데, 이때는 입을 통해 나갈 때와는 다른 콧소리가 나요. 또 혀와 잇몸, 입천장의 모양을 어떻게 하느냐에 따라 발음이 달라지지요.

사람마다 왜 목소리가 다를까?

소리를 각기 다르게 하는 요소는 세기, 높이, 맵시 세 가지예요. 음파는 물결 모양의 그래프로 나타낼 수 있는데, 음파의 진폭이 크면 큰 소리가 나고(세기), 진동수가 크면 높은 소리가 나요(높이). 그리고 음파의 파형, 다시 말해 그래프의 모양에 따라 소리가 달라져요(맵시). 같은 진폭과 진동수라도 맵시가 다르면 소리가 달라지지요.

사람마다 음성 기관이 조금씩 다르게 생겼고, 말하는 방법이 다르기 때문에 목소리도 달라요. 음성 기관의 모습이 닮은 형제, 자매나 일란성 쌍둥이는 목소리도 닮았지요. 보통 성대가 얇고 짧으면 진동수가 많아서 목소리가 높고, 성대가 굵고 길면 진동수가 적어서 목소리가 낮아요. 성인 남성의 성대는 약 2cm, 성인 여성은 약 1.5cm, 어린이는 약 0.9cm 정도라고 해요.

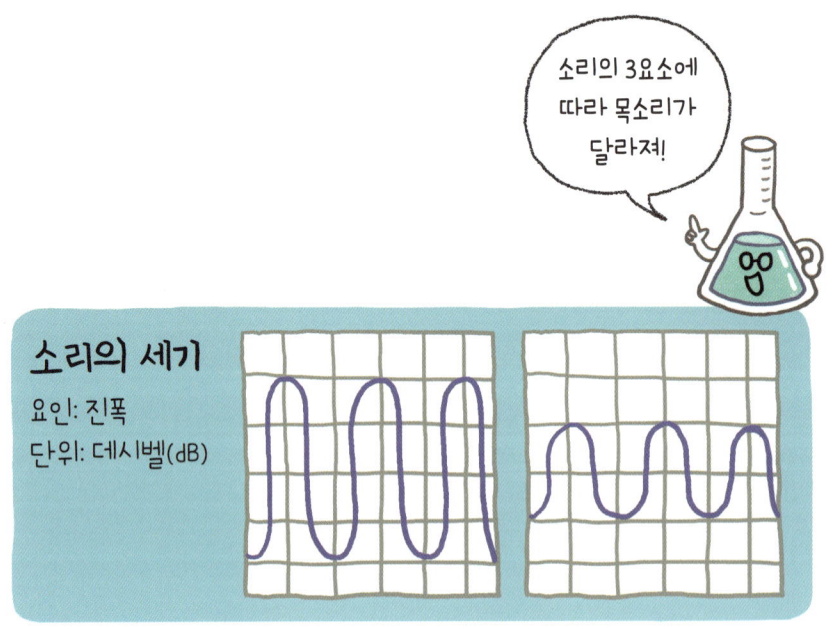

소리의 3요소에 따라 목소리가 달라져!

소리의 세기
요인: 진폭
단위: 데시벨(dB)

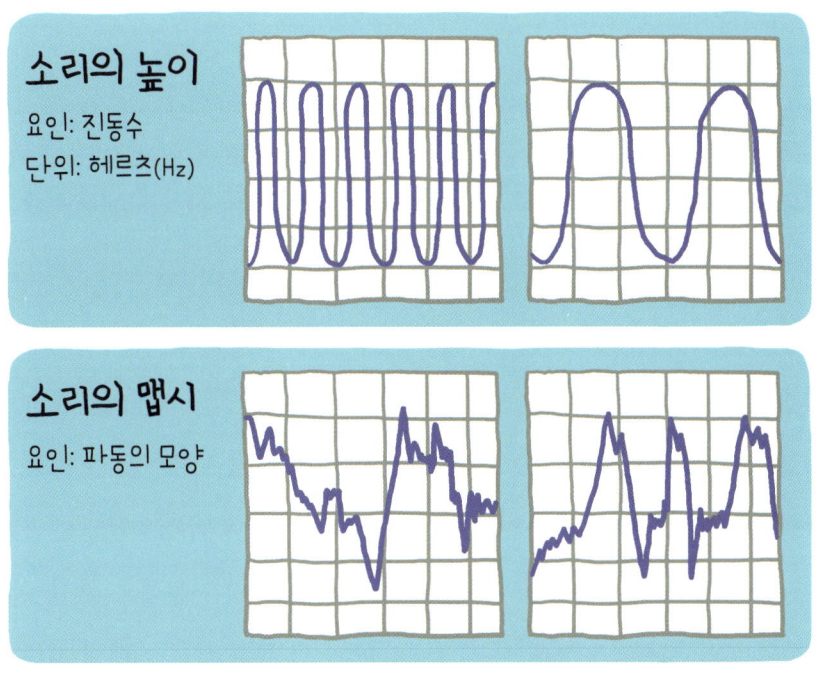

소리의 3요소

🔍 인공 지능이 내 목소리를 똑같이 낼 수 있다고?

만약 인공 지능이 다른 사람의 목소리를 똑같이 만들어 낼 수 있다면 어떨까요? 음파의 파형을 분석해 똑같은 음파를 만든다면요.

실제로 2017년 캐나다의 기업 라이어버드는 1분 정도 목소리를 입력하면, 똑같은 목소리를 만들 수 있는 인공 지능을 개발했어요. 이 기술로 여러 유명 인사들과 꼭 닮은 목소리를 만들어 사람들을 놀라게 했지요. 또 이 기술을 이용해 한 방송에서 오래전 사망한 가수의 목소리도 똑같이 만들어 냈어요. 그런데 누군가 내 목소리를 똑같이 만들면 어떨까요? 상상만 해도 소름이 돋지 않나요? 누군가 내 목소리를 범죄에 이용할 수도 있고요. 그렇기에

이 기술에 대한 문제점을 깊게 생각해 보아야 해요.

소리를 듣는 귀

우리 몸에서 소리를 듣는 청각 기관은 귀예요. 귀는 크게 바깥쪽부터 외이, 중이, 내이로 나눠지요. 외이는 귓바퀴를 이용해 소리를 모아 외이도를 통해 고막으로 전달해요. 고막은 외이와 중이를 연결하는 얇은 막으로, 진동해 소리를 청소골로 보내 줘요. 청소골은 세 개의 뼈로 이루어져 있는데, 이 뼈에서 고막이 전해 주는 소리를 증폭시켜 크게 울리도록 해 주지요. 이렇게 증폭되어 내이로 들어온 소리는 달팽이관을 거쳐 뇌에 전달돼요. 달팽이관 안에는 림프액이 채워져 있는데 소리가 들어오면 진동해요. 이를 청세포가 감지해 청신경을 통해 뇌로 보내지요. 이를 통해 뇌는 어떤 소리를 들었는지 인식할 수 있어요.

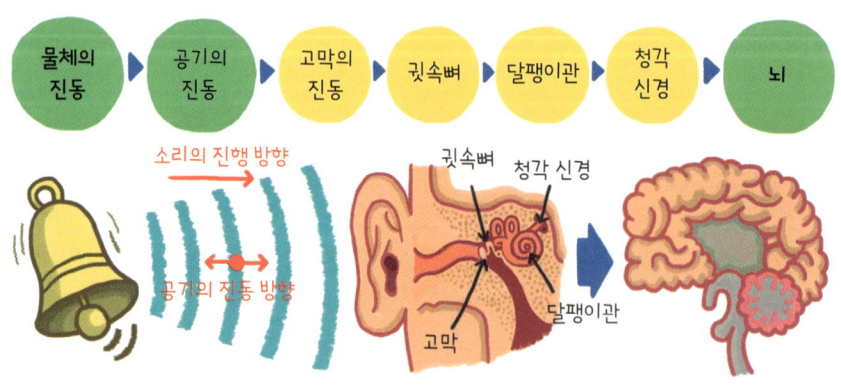

귀를 통한 소리의 전달 과정

귀는 소리를 듣는 역할뿐 아니라 방향이나 균형을 잘 잡을 수 있도록 도와줘요. 전정 기관과 반고리관이 이를 담당하지요. 유스타키오관에서는 내이와 외이의 압력을 맞추어 몸 안팎의 압력을 일정하게 유지시켜 줘요.

사람이 들을 수 있는 소리는?

사람은 진동수 20~20,000Hz* 사이의 소리를 들을 수 있어요. 이것을 가청 주파수라고 하고, 소리의 단위로 바꾸면 0~130dB*이지요. 0dB은 사람이 들을 수 있는 가장 낮은 소리예요. 10dB은 0dB보다 10배 큰 소리고, 20dB은 10dB보다 100배 큰 소리예요. 보통 비행기 엔진 소리가 120dB 정도라고 하니 얼마나 큰 소리인지 상상할 수 있지요?

Hz
Hz는 진동수를 나타내는 단위로 '헤르츠(Hertz)'라고 읽어요. 1초에 한 번 파동이 지나가는 횟수를 뜻하지요.

dB
dB은 소음의 크기를 나타내는 단위로 '데시벨(decibel)'이라고 읽어요. 10분의 1을 의미하는 deci와 전화기를 발명한 벨(Bell)의 이름에서 따왔지요.

박쥐나 돌고래는 우리가 듣는 소리보다 훨씬 높은 진동수를 가진 소리를 들을 수 있어요. 이것을 '초음파'라고 하는데, 박쥐는 초음파를 이용해 물체가 어느 정도 떨어져 있는지 가늠해요.

반면 코끼리는 사람이 듣는 소리보다 낮은 진동수인 20Hz 미만의 저음을 들을 수 있어요. 이렇게 낮은 소리를 '초저주파'라고 하는데, 초저주파는 멀리까지 소리를 전달할 수 있어요.

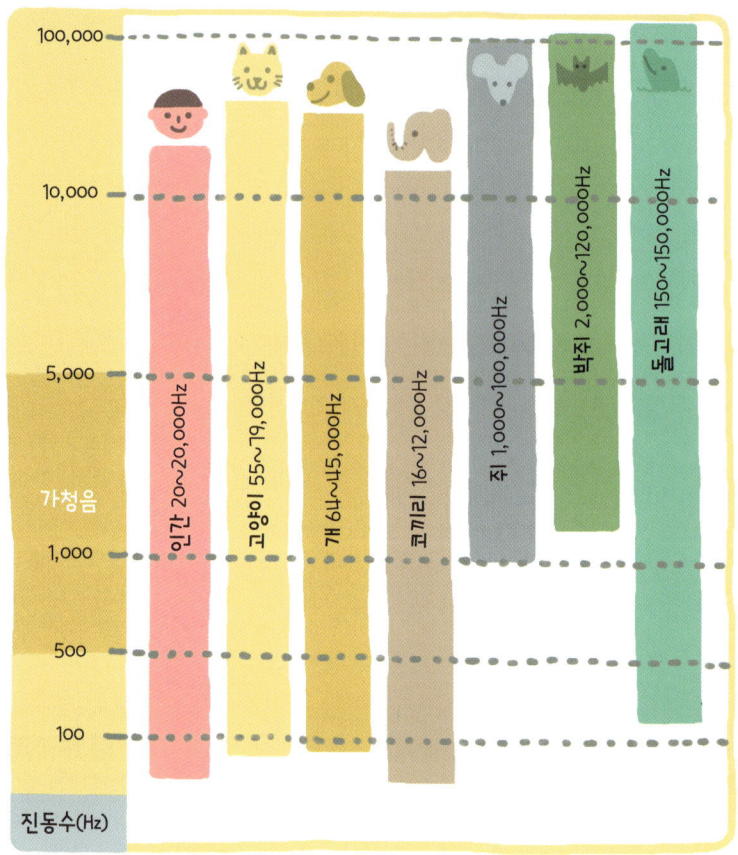

가청 주파수 영역

내 목소리인 듯 아닌 듯

귀를 막고 소리를 들으면 왜 다른 소리처럼 느껴질까요? 답을 찾기 위해서는 소리가 공기의 진동이라는 것에 주목해야 해요. 보통 내 목소리는 입에서 몸 밖으로 나온 음파가 귀로 들어와 나에게 들려요. 그리고 몸 안에서도 소리의 진동이 느껴져요. 우리가 낸 목소리가 고막 대신 머리뼈를 진동시키고, 이것이 몸 안에서 중이로 전달되지요. 이것은 뼈를 통해 듣는다고 해서 '골전도라고 해요. 나에게 들리는 내 목소리는 고막을 통해 들어오는 소리와 골전도를 통해 느끼는 소리, 두 가지가 합쳐진 거예요.

양손으로 귀를 막으면 소리가 몸 밖에서 안으로 전달되지 못해요. 골전도를 통한 소리만 듣게 되지요. 그러다 보니 귀를 막고 소리를 들으면 보통 때 듣는 내 목소리와 조금 다르게 들리는 거예요.

내 목소리를 녹음해 들을 때 내가 듣던 내 목소리와 조금 다른 이유도 골전도 없이 고막을 통해서만 소리를 듣기 때문이랍니다.

| 향수의 원료 |

"우리 동아리에 왜 들어오고 싶어?"

별관 5층 옥상으로 가는 비상계단 옆 작은 실험실에 앉아 있는 강희는 질문을 받고 잠시 멈칫했어요. 그때 동아리방 문 앞에 붙어 있던 '당신의 향기를 찾아드립니다'라는 문구가 떠올랐어요. 사실 동아리를 정할 때 가위바위보에 모두 져서 남은 곳은 여기 한 곳뿐이었어요. 하지만 동아리방 문 앞에 쓰인 문구를 보고 강희는 이 동아리도 괜찮겠다고 생각했어요.

"이 동아리에 들어오면 자기 향기를 찾아 준다고 해서요."

자신을 동아리 회장이라고 소개했던 파마머리를 한 선배는 엉덩이를 반쯤 들고 일어나 강희에게 코를 킁킁거렸어요. 강희는 고개를 한껏 뒤로 뺐어요.

"킁킁, 킁킁, 조금 전에 복숭아 맛 민트를 먹었구나. 음, 땀 냄새로 봐서 2교시쯤 체육을 했고, 그리고 너 고양이 집사네? 아침에 간식 주고 왔어?"

강희는 흠칫 놀랐어요. 수상한 곳에 가지 말라던 엄마 말씀이 생각나서 덜컥 겁이 났어요.

"그, 그걸 어떻게 아셨어요?"

"그건 내가 절대 후각을 가졌으니까. 얘들아, 어떻게 할까? 합격?"

향기가 옆에 앉은 여자아이를 바라보자 고개를 끄덕였어요. 그 옆에 있던 남자아이는 강희 손을 덥석 잡으며 말했어요.

"당연하지. 우리도 후배 좀 받아 보자. 장미 초등학교 향수 동아리에 온 것을 환영한다. 난 민호, 얘는 주희. 절대 후각의 향기가 우리 동아리 회장이야."

동아리방 위치나 냄새나 킁킁대는 동아리 회장이나 방금 자신의 손을 덥석 잡은 선배나, 의심스러운 것이 한둘이 아니었지만 강희는 달리 빠져나갈 핑계가 생각나지 않았어요.

"자, 그럼 오늘은 처음이니까 기초부터 가볍게 시작해 볼까?"

향기는 자리에서 일어나 동아리방 가운데에 있는 실험 탁자로 갔어요. 탁자 위에는 오래되어 보이는 나무 상자가 있었고, 그 안에 크고 작은 유리병들이 줄을 맞춰 서 있었어요.

"이건 향료야. 이 향료들을 잘 배합해서 향수를 만들어. 기본적으로 첫 향인 톱 노트, 중간 향인 미들 노트, 계속 남아 있는 베이스 노트를 잘 조합해야 해. 같은 향료를 섞더라도 비율에 따라 다른 향수를 만들 수 있어."

민호가 신이 나서 설명했어요. 주희는 그중 몇 개를 꺼내 탁자 위에 올렸어요.

"네게 어울리는 향수를 만들려면, 먼저 네가 원하는 향을 알아야지. 넌 뭐를 좋아해?"

주희의 질문에 강희는 작은 목소리로 답했어요.

"잘 모르겠어요."

"그럼 네가 생각하는 너는 어떤데?"

"저요? 음…… 배드민턴이랑 노래하는 것을 좋아해요. 하지만 별로 특색이 없어요."

"특색이 없다……? 정말 그럴까?"

향기는 탁자에서 유리병 몇 개를 가져왔어요. 그중 하나의 뚜껑을 열었어요. 스포이트로 긴 시향 종이에 향료를 한 방울 묻히고 허공에 몇 번 흔들어서 강희에게 내밀었어요.

"자, 이 향기 한번 맡아 봐. 뭔지 알겠어?"

강희는 이상한 선배가 갑자기 내민 종이가 못 미더웠어요. 엄마가 모르는 사람이 주는 것은 먹지도 말고 냄새도 맡지 말라고 했던 것도 생각났어요.

'그래도 학교 동아리에서 무슨 일이 생길까?'

강희는 의심스러운 마음을 누르고 주춤주춤 냄새를 맡았어요.

"상큼한데…… 자몽 아니에요?"

향기는 계속해서 향료를 묻힌 시향 종이를 내밀었고 강희는 그때마다 숨을 깊이 들이마셔 향을 맡았어요.

"나무 냄새 같아요. 숲속에 있는 느낌이에요."

"이건 톡 쏘는 향인데, 무슨 향이에요?"

"후추 향이야."

"후추요?"

"응, 생각지 못한 재료에서도 특별한 향을 뽑아낼 수 있어. 이것처럼 말이지."

"이건 아빠 스킨 냄새 같아요. 이 향은 뭐예요?"

"머스크야. 사향노루의 생식선 분비물로 만들었어."

"노루요?"

"응, 이 향료 때문에 사향노루가 멸종 위기에 처해서 비슷한 인공 향을 만들어 써."

향수를 만드는 데 후추에 노루 분비물이라니, 강희는 아무래도 자신이 향수 동아리가 아닌 이상한 곳에 온 것 같았어요. 하지만 향기는 아랑곳없이 상자 가장 안쪽에서 조금 독특하게 생긴 작은 병 하나를 조심스럽게 꺼냈어요. 그리고 스포이트로 한 방울을 덜어 내 살짝 시향 종이에 묻혀서 강희에게 내밀었어요.

"이 향은 어떤 향료로 만들었는지 맞춰 봐. 참고로 이건 무척 비싸서 조향사인 우리 이모가 아주 조금 나눠 준 거야."

강희는 긴장하며 냄새를 맡았어요.

"음, 아주 은은한 향이에요. 부드럽고 소나무 냄새가 나기도 하고요. 이 신비한 향은 도대체 뭐예요?"

"앰버그리스야. 용연향이라고도 하고. 그런데 이건 뭐로 만든 것 같아?"

"글쎄요, 부드럽고 은은하니, 꽃인가?"

"아니. 고래 똥."

민호가 싱글벙글 웃으며 대신 말했어요.

"네? 이게 고래 똥으로 만든 향료라고요? 정말이요? 어떻게 똥으로 향수를 만들어요?"

"똥이라고 다 구린 건 아니야. 그 안에 숨겨진 자신만의 향이 있을 수 있다고."

강희는 계속 이상한 말만 하는 향기를 믿을 수 없었어요. 정말 여기서 나만의 향기를 찾을 수 있을지, 아니면 누군가의 장난에 속고 있는 것은 아닌지 걱정되기 시작했어요.

향수를 똥으로 만들었다고?

먹을 때는 맛있기만 하던 음식이 똥이 되면 왜 그렇게 냄새가 나는지 몰라요. 그런데 세상에 나오자마자 변기로 흘러 내려가는 우리 똥과 달리 어마어마하게 비싸고 향기로운 똥이 있다는 사실, 알고 있나요? 그 주인공은 바로 '향유고래의 똥'이에요.

향기가 들려주는 이야기: 향기로운 기억

악취와 향기는 어떻게 다를까? 사실, 악취와 향기는 어떤 물질의 분자가 우리 코로 들어와 후각 세포를 자극해 이 신호를 뇌에 전달하는 것까지는 같아. 대신 분자의 종류가 불쾌감을 주면 나쁜 냄새인 악취가 되고 좋은 느낌을 주면 향기가 되지.

그런데 어떤 사람들은 냄새로 특별한 기억을 떠올리기도 한다는 사실, 알아? 어렸을 때 친구네 집에서 맡았던 섬유 유연제 향기가 그 친구와 함께 놀던 기억을 떠오르게 하는 것처럼 말이야. 이런 현상을 '프루스트 효과'라고 하지. 다른 감각들이 (간뇌의 뒤쪽에 위치한) 시상 부분을 거쳐 대뇌로 전달되는 것과 달리 냄새는 시상을 거치지 않고 바로 뇌로 전달되기 때문에 프루스트 효과가 나타난대. 대뇌에서 냄새를 주관하는 부분과 기억을 주관하는 부분이 연결되어 있어서 서로 영향을 주기 때문이기도 하고. 좋은 향기를 맡을 때 좋은 기억을 만들어 봐. 그 향기를 맡을 때마다 기분이 좋아질 테니까.

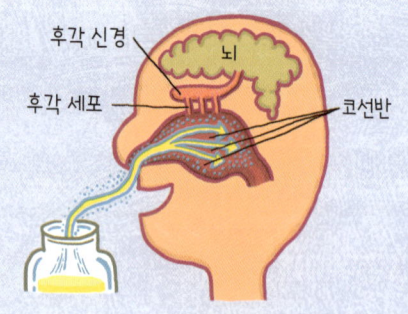
후각의 전달 과정

향수와 향료

향수는 향기가 나는 향료를 알코올과 섞어 만든 화장품이에요. 향수(Perfume)는 '연기를 통하다(Per Fumum)'라는 라틴어에서 시작되었어요. 아주 오래전부터 사람들은 향료를 태워 쓰거나 식물의 즙을 이용해 향기가 나도록 했어요. 지금은 동식물에서 추출한 향료를 알코올에 섞어 만들어요.

향수의 원료가 되는 향료는 보통 물에 녹지 않지만, 알코올에는 녹아요. 휘발성이 강해 공기 중에서 금방 기체로 변해 날아가지요. 향료는 온도 변화에 민감하고 자외선에 약해서 시원하고 어두운 곳에 보관해야 해요. 철로 된 병에 보관하면 쉽게 변질될 수 있지요.

천연 향료에는 사향, 용연향 등 동물성 향료와 레몬과 오렌지 같은 감귤향, 샌들우드와 오크 같은 나무 향, 라벤더와 바질 같은 허브 향, 장미나 데이지 같은 꽃 향, 계피 같은 스파이시 향, 바닐라 같은 발삼 향 등이 있어요.

실험실에서 합성해 만드는 향료는 천연 향료에서 분리한 향도 있고 석탄이나 석유 성분을 이용해 합성한 향도 있어요. 요새는 사향과 용연향 같은 천연 향료 향과 똑같은 합성 향료도 있어서 동물도 보호하고 저렴하게 구할 수 있어요.

천연 향료

 **향료와 휘발성**

다양한 향을 섞으면 나만의 향수를 만들 수 있어요. 향료는 휘발성의 차이 때문에 시간이 지나면서 다채로운 향이 날 수 있으니 향료를 조합할 때는 이를 고려해야 하지요.

휘발성이란 상온에서 액체가 기체로 증발하는 성질을 말해요. 물 같은 비휘발성 물질은 상온에서 액체로 있다가 열을 가해서 끓는점인 100℃가 되어야 기체로 변해요. 알코올과 같은 휘발성 물질은 끓는점이 낮아 열을 가하지 않아도 상온에서 증발하여 기체가 돼요. 알코올, 아세톤, 벤젠이 휘발성 물질이에요.

휘발성이 강한 향료는 향수의 첫 향을 결정하는 톱 노트로 쓰고, 30분에서 2시간을 지속할 수 있는 향료는 미들 노트로 쓰고, 휘발성이 약하고 오래 머무는 향료는 베이스 노트로 써요. 그래서 첫 향, 중간 향, 마지막 향이 다르지요.

또 향수의 농도에 따라 향의 지속 시간이 결정돼요. 향의 농도와 지속 시간이 낮은 순서부터 나열하면 샤워 콜로뉴(코롱), 오드콜로뉴, 오 드 투알레트, 오 드 퍼퓸, 퍼퓸이에요.

향유고래

향유고래는 아래턱에 50쌍 정도의 둥근 원뿔 모양의 이가 나 있어요. 대체로 몸길이는 수컷의 경우 18m 이상, 암컷은 대략 11~12m에 달하고 몸무게는 수십 톤에 이르지요. 갓 태어난 아기 고래도 몸무게가 1t 정도라고 하니 어마어마하게 큰 고래예요. 또 숨을 쉬지 않고 1시간 정도 물속에서 견딜

향유고래

수 있지요. 향유고래는 꼬리지느러미, 작은 지느러미가 있고 등지느러미에는 작은 돌기가 있어요. 머리는 크고 네모나고, 피부는 주름졌지요. 입은 길고 좁고 콧구멍은 머리 왼쪽에 한 개가 있어요. 2,200m의 심해까지 내려갈 수 있기 때문에 심해에 사는 대왕오징어를 잡아먹어요. 종에 따라 17년에서 70년까지 살아요. 무엇보다 제일 비싼 똥을 누지요.

고래 똥이 용연향으로

향수의 원료로 쓰이는 용연향은 향이 은은하고 부드러워요. 휘발성이 약해 향이 오래도록 지속되지요. 용연향은 놀랍게도 수컷 향유고래의 똥으로 만들어요. 물론, 수컷 향유고래가 누는 똥이 다 용연향이 되는 것은 아니에요. 수컷은 번식기가 다가오면 암컷을 차지하기 위해 몸싸움을 벌이고 스트

용연향

레스를 많이 받아요. 이때 소화 능력이 약해지다 보니 즐겨 먹던 대왕오징어의 딱딱한 부분을 다 소화시키지 못할 때가 있어요. 이때 향유고래의 몸에서는 소화를 못 시킨 딱딱한 부분이 배 속을 지나다가 내장 기관에 상처를 내지 않도록 지방 물질을 분비해 딱딱한 물체를 감싸요. 이것이 몸 밖으로 배출되면 용연향이 돼요. 물론 이때는 검은색에 그냥 똥 냄새를 풍겨요. 하지만 이 똥이 몇 년 혹은 몇십 년 동안 바다 위를 떠돌아다니다 보면 햇빛에 산화되어 밝고 단단하게 변해요. 이 과정에서 좋은 향이 만들어지지요. 가끔 해안으로 밀려오는 용연향은 하얀 돌처럼 보이기도 해요.

바다를 떠다니는 황금 똥

용연향은 고급 향수의 원료로 쓰이면서 가치가 높아졌어요. 1kg에 대략

4천만 원이나 하니 '바다의 황금 덩어리'라고도 하지요. 이런 선물을 그냥 바닷가를 거닐다 발견하면 어떨까요?

2020년 겨울, 태국의 한 어부가 바닷가를 걷다가 특이한 빛이 나는 거대한 흰 덩어리를 보았어요. 혼자 들 수 없을 정도여서 사촌을 불러 함께 옮겼는데, 알고 보니 100kg이나 되는 용연향이었어요. 세계에서 가장 큰 용연향으로 그 가치가 자그마치 35억 원 정도였다고 해요. 우리도 이런 용연향을 수영하다 발견하면 좋겠지만, 우리나라 근처 바다에는 향유고래가 살지 않아 용연향을 만나기가 쉽지 않아요.

고래 똥이 지구 온난화를 막아 준다고?

고래 똥에는 어마어마한 양의 철 성분이 있어요. 바닷물의 1,000배쯤 되는 양이에요. 철 성분은 바다에 사는 식물성 플랑크톤이 성장하는 데 꼭 필요해요. 그래서 고래 똥이 있으면 식물성 플랑크톤이 늘어날 수 있어요.

중요한 것은 식물성 플랑크톤이 지구 온난화를 멈추거나 늦출 수 있다는 거예요. 지구 온난화는 이산화 탄소 같은 온실가스 때문에 일어나요. 식물은 광합성을 할 때 이산화 탄소를 흡수하여 지구의 온실가스를 줄여 줘요. 식물성 플랑크톤도 마찬가지지요. 게다가 바다의 식물성 플랑크톤이 흡수하는 이산화 탄소의 양은 육지의 모든 식물이 흡수하는 이산화 탄소의 60% 정도라니, 식물성 플랑크톤의 활약도 대단해요. 그래서 고래 똥이 많아지면 그만큼 식물성 플랑크톤이 많아지고, 지구 온난화도 막을 수 있지요.

그런데 사람들이 고래 고기와 기름 등을 얻기 위해 마구잡이로 고래를 잡아들여서 고래 수가 엄청나게 줄었어요. 20여 종은 멸종 위기에 처해 있다고 해요.

다행히 1946년부터 국제 포경 위원회에서는 상업적으로 고래잡이를 하지 못하도록 관리하고 있지만, 몇몇 국가에서는 아직도 고래잡이를 하고 있어요.

사람들이 고래를 잡지 않고, 바다가 다시 고래 세상으로 돌아온다면, 지구 온난화도 그만큼 늦춰질 거예요. 물론, 고래 똥으로 만들어진 용연향도 더 많아지겠죠?

흰둥이는 할아버지

| 바이러스와 감염병 |

"빨리 와."

완두와 함께 앞서가던 은후가 현규를 돌아보며 말했어요.

현규는 느릿느릿 걷는 흰둥이의 목줄을 살짝 당기며 말했어요.

"흰둥아, 빨리 가자. 완두는 벌써 저만큼 갔잖아. 오늘 친구들이랑 공원에서 같이 놀기로 했단 말야. 강희가 너 보고 싶대. 너는 완두랑 놀면, 콜록콜록."

현규는 기침 때문에 말을 잇지 못했어요. 한바탕 기침을 하느라 현규가 멈춰 서자 흰둥이가 종종거리며 현규를 앞질러 갔어요.

현규는 신이 나서 흰둥이를 따라갔어요. 그런데 흰둥이 걸음이 다시 느려졌어요. 숨도 가쁘게 몰아쉬는 것 같았어요.

은후랑 완두는 얼마나 빠른지 보이지 않았어요.

걸어서 10분도 걸리지 않는 거리인데, 흰둥이는 걷다가 멈추기를 반복했어요. 공원 입구에 도착하자 흰둥이는 바닥에 엎드려 버렸어요.

"여기야, 여기!"

은후가 벤치에 앉아 현규를 불렀어요. 강희도 벌써 와 있었어요. 완두는 지치지도 않는지 계속 주변을 돌아다녔어요.

마음이 급해진 현규는 흰둥이를 번쩍 안아 들고 벤치로 향했어요. 갑자기 쌀쌀해져 추웠는데, 흰둥이를 안으니 온기가 느껴졌어요. 하얀 흰둥이 털이 목을 간지럽혔어요.

"콜록콜록."

현규가 흰둥이를 안고 벤치 앞에 가자 완두가 흰둥이에게 뛰어왔어요. 완두는 꼬리를 흔들며 흰둥이 냄새를 맡았어요. 하지만 흰둥이는 많이 지쳤는지 다시 바닥에 엎드려 버렸어요.

벤치에 앉아 게임기를 붙잡고 있던 강희는 허리를 숙여 흰둥이 눈을 보면서 말했어요.

"흰둥이 눈이 아픈가 봐. 살짝 흐려 보이는데?"

"응, 맞아. 백내장이야. 흰둥이가 할아버지거든. 나보다 두 살이나 많은 열네 살이야. 개는 사람보다 수명이 짧으니까, 개의 1년이 사람의 5~6년 정도래. 우리나라 나이로 70이 넘는 거지."

"우아, 우리 할아버지 나이랑 비슷하네? 완두처럼 재롱도 못 부리니 재미없겠다."

강희가 눈을 동그랗게 뜨고 흰둥이 머리를 쓰다듬었어요. 완두는 꼬리를 흔들며 강희 냄새를 맡고 손을 핥기도 했어요. 하지만 흰둥이는 엎드려 있기만 했어요.

"흰둥이는 내 가족이야. 너도 너희 할아버지가 재미없다고 싫어하지 않을 거잖아. 나도 그래. 어서 놀기나 하자. 흰둥이랑 밖에 나온 걸 알면 엄마한테 혼날 거야. 콜록콜록."

현규는 자꾸 기침이 나왔어요. 아침부터 간질간질하던 목이 점점 따끔거리기 시작했어요. 현규는 오늘은 밖에 나가지 말고 집에 있으라는 엄마의 말을 듣고도 친구들과 한 약속을 취소할 수 없었어요. 오늘이 아니면 또 일주일을 기다려야 했으니까요.

"얘들아, 누구 드래곤 딱지 가진 사람 있어?"

은후가 투명 플라스틱 통에서 꺼낸 빳빳한 드래곤 딱지를 흔들며 말하자 현규와 강희도 딱지 통을 열었어요. 정신없이 서로의 딱지를 구경하던 아이들은 누가 먼저랄 것도 없이 딱지치기를 했어요.

완두는 목줄을 하고 움직일 수 있는 반경 안에서 이리저리 돌아다니며 바닥의 개미를 잡거나 흰둥이 냄새를 맡았지만, 흰둥이는 처음 그 자리에 그대로 있었어요. 눈을 감기도 하고 낑낑 소리를 내기도 했어요.

해 질 무렵이 되자 날이 점점 추워졌어요. 현규의 기침이 낮보다 더 심해졌어요.

"콜록콜록."

한 시간쯤 놀던 은후는 학원에 갔고, 강희도 저녁을 먹으러 집으로 갔어요. 현규도 흰둥이를 데리고 집으로 향했어요. 흰둥이가 자꾸 걸음을 멈추자 현규는 흰둥이를 안았어요. 집에 오는 동안 흰둥이는 몸을 떨며 컥컥거렸어요.

"흰둥아, 괜찮아?"

가로등 아래를 지나는데 흰둥이가 콧물을 흘리는 것이 보였어요. 현규는 옷소매로 흰둥이 코를 닦아 주었어요. 현규는 흰둥이가 걱정되기 시작했어요.

집에는 벌써 엄마가 와 계셨어요. 현규는 엄마께 꾸중을 들을까 싶어 집에 들어가자마자 엄마께 흰둥이를 안기고 재빨리 욕실로 들어갔어요.

곧이어 엄마 목소리가 들렸어요.

"에구머니, 흰둥이 얼굴이 왜 이래? 콧물도 나고 기침도 하네?"

현규는 욕실에서 급히 나와 흰둥이를 살펴보았어요. 흰둥이 눈에는 눈곱이 껴 있고 몸을 덜덜 떨며 낑낑거렸어요.

"추운데 밖에 얼마나 있었던 거야? 흰둥이는 나이가 많아서 면역력이 약해. 감기에 잘 걸린단 말이야. 안 되겠다. 다음 주부터 저녁에는 나가지 말고 집에 있어야겠다."

"아니에요, 엄마. 밖에 나가서가 아니라 아무래도 저한테 감기를 옮은 것 같아요. 어젯밤에 흰둥이랑 같이 잤거든요. 저도 지금 기침이 나고 콧물도 나요. 콜록콜록."

"사람이 감기에 걸려도 개한테 옮기지는 않아. 날이 찬데 밖에 오래 있어서 그런 거지! 아무래도 내일 병원에 데려가야겠다. 흰둥이는 감기도 위험해. 너도 병원에 가고."

엄마는 현규의 이마를 손으로 짚으면서 말씀하셨어요. 현규는 엄마 품에 안겨서 컥컥거리기만 하는 흰둥이를 보자 찬 바닥에 앉아 있게 한 것이 후회되었어요.

엄마가 주신 따끈한 도라지차를 마시고 잠자리에 든 현규는 한밤중에 흰둥이가 낑낑거리는 소리에 잠에서 깼어요. 현규는 거실로 나와 흰둥이를 가만히 쓰다듬었어요. 어젯밤에 같이 잔 것도, 찬 공원 바닥에 둔 것도, 빨리 가자고 재촉한 것도 모두 미안했어요.

현규는 흰둥이를 쓰다듬으며 미안하다는 말을 반복하다가 기침을 하며 흰둥이 옆에서 잠이 들었어요.

사람의 감기 바이러스가 개에게 옮겨 갈까?

감기로 아파서 정신이 하나도 없을 때가 있어요. 병원에 가서 진료를 받고 약을 처방받아 먹으면 증상이 줄어들긴 하지만, 결국 감기는 나을 때가 되어야 낫기 때문에 며칠을 앓는 경우가 많지요. 그런데 이런 감기를 반려동물에게 옮기지나 않을까 걱정되기도 해요. 더군다나 나이가 많은 개라면 면역력이 약하니 더욱 그렇지요. 혹시라도 내가 감기에 걸려 강아지에게 감기 바이러스를 옮기면 어떻게 하지요?

 현규가 들려주는 이야기: 반려동물에게 내 감기약을 줘도 될까?

한밤중에 강아지가 콧물을 흘리면 어떻게 해야 할까? 당장 병원에 데리고 갈 수도 없으니 내가 먹는 감기약을 먹이고 싶을지도 몰라. 하지만, 절대 안 돼! 대부분의 반려동물은 사람과 달리 몸이 작아. 우리가 먹는 양을 똑같이 먹었다가는 큰일 나지. 그렇다고 약을 잘게 부수거나 가루로 먹이면 흡수가 빨라져서 위험해질 수 있어.

무엇보다 우리가 먹는 약 중에는 반려동물이 절대 먹으면 안 되는 성분도 있어. 우리가 흔히 두통이나 열이 날 때 먹는 '아세트아미노펜'은 개와 고양이의 간과 적혈구에 치명적인 손상을 줄 수 있어. 개는 몸무게 1kg당 150mg, 고양이는 몸무게 1kg당 50mg을 먹으면 독성이 나타날 수 있어. 독성이 나타나면 구토와 설사, 식욕 부진, 저체온증, 호흡 곤란, 복통이나 황달이 나타나기도 하고, 소변에 혈액이 섞여 나올 수도 있어. 심하면 사망에 이를 수도 있고 말이야. 문제는 우리가 먹는 많은 감기약에 이런 '아세트아미노펜' 성분이 들어 있다는 거야. 그러니까 반려동물에게 사람이 먹는 감기약을 먹이지 않도록 주의해야 해.

 사람의 감기와 독감

사람이 걸리는 감기는 바이러스나 세균에 의해 상부 호흡기인 코와 목 부분에 급성으로 감염이 일어나는 것을 말해요. 급성 비인두염이라고도 하지요. 감기를 일으키는 바이러스는 리노바이러스와 코로나바이러스 등 여러 가지가 있어요.

감기에 걸리면 주로 콧물, 코 막힘, 재채기, 인후통, 기침, 미열 같은 증상이 나타나며 심할 땐 근육통을 앓기도 해요. 보통 코나 목구멍에 염증이 생기기 시작하면 증상이 나타나고, 일주일 정도 지나면 증상이 사라져요. 환자에 따라서 폐렴이나 중이염 같은 합병증이 생기기도 해요.

감기 바이러스는 호흡기를 통해 감염되거나 환자의 호흡기 분비물을 만질 때 감염돼요. 보통 성인이라면 1년에 2~3회 정도로 감기에 걸리기 때문에 평생 감기에 걸리지 않는 사람은 거의 없어요.

독감은 인플루엔자 바이러스가 일으키는 급성 호흡기 질환이에요. 일반 감기와는 증상도 치료 방법도 달라요. 인플루엔자 바이러스가 상부 호흡기와 하부 호흡기인 폐에 침투해 독감에 걸리면 고열, 두통, 근육통, 전신 쇠약 같은 증상이 나타나요. 인플루엔자 바이러스는 A형, B형, C형이 있는데 이 중 질병을 일으키는 것은 A형과 B형이에요. 독감에 걸리면 항바이러스제로 치료하며 때에 따라 항생제를 쓰기도 해요.

개의 감기와 독감

흔히 개가 걸리는 감기는 켄넬코프(Kennel Cough Complex)라고 불리는 급성 기관 기관지염인 경우가 많아요. 기관과 기관지는 공기가 폐로 가기 위

해 지나가는 길을 말하지요.

　켄넬코프에 걸린 개들은 기침을 심하게 하고, 기침할 때 몸을 심하게 떨며 기침 소리도 평소보다 높은 소리가 나요. 심하면 구역질을 할 때까지 기침을 하고 거품 섞인 가래가 나오기도 해요. 보통 켄넬코프에 걸린 다른 개에게 옮아요. 백신을 맞으면 예방할 수는 있지만, 그렇다고 모두 걸리지 않는 것은 아니에요.

　개도 인플루엔자 바이러스에 감염되면 사람처럼 독감에 걸리지요. 증상도 비슷해요. 열이 나고 기침, 콧물 같은 호흡기 증상이 나타나거나 눈곱이 껴요. 또 면역력이 약해지면 세균에 감염되기 쉬우므로 폐렴으로 진행되는 경우도 있어요. 독감은 기침이나 재채기로 옮을 수 있어요. 인플루엔자 바이러스는 최대 48시간 이상 살아 있기 때문에 다른 반려견의 바이러스가 보호자의 손에 옮겨질 수도 있어요. 또 증상이 없을 때도 감염될 수 있으므로 의심이 간다면 바로 병원에서 진료를 받아야 해요. 개도 사람과 마찬가지로 백신 접종을 통해 독감을 예방할 수 있어요.

바이러스

바이러스는 아주 작은 세포로 이루어진 감염성 입자예요. 세포는 유전 정보를 담고 있는 핵산(DNA나 RNA)과 단백질만으로 이루어져 있어요. 그래서 홀로 살아가지 못하고 다른 생물에 기생해서 살아가요. 보통 바이러스는 단백질 껍질이 핵산을 둘러싸고 있어요. 지방질로 된 가장 바깥쪽 껍질(외막)에는 스파이크 단백질이 붙어 있지요.

스파이크 단백질은 다른 세포를 침투할 수 있는 열쇠와 같아요. 바이러스는 스파이크 단백질로 숙주 세포 속에 들어가 자신과 똑같은 바이러스를 복제해 수를 늘려요. 그리고 다시 세포 밖으로 나가 다른 숙주로 옮겨 가 바이

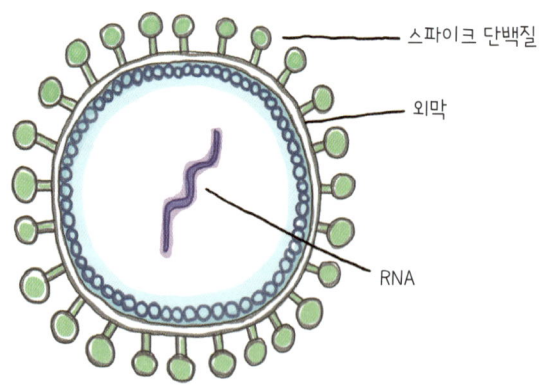

바이러스의 구조

러스를 증식해요.

이렇게 바이러스가 몸에 들어와 감염되면 질병을 앓게 돼요. 물론, 그 과정에서 면역 세포들은 바이러스를 죽이려고 하지요.

 동물마다 감염될 수 있는 바이러스가 다르다고?

바이러스는 여러 동물을 숙주로 삼아요. 다양한 곳에 기생하면 오래 살아남을 수 있기 때문이에요.

그런데 동물마다 세포 표면의 단백질 구조가 달라요. 이 세포를 뚫으려면 바이러스의 스파이크 단백질도 그에 맞아야 해요. 마치 자물쇠마다 꼭 맞는 열쇠가 있는 것처럼 말이에요. 그렇기 때문에 동물마다 감염될 수 있는 바이러스가 달라요. 이처럼 동물의 종에 따라 감염될 수 있는 바이러스가 달라서 다른 종으로 전염되지 않는 것을 '종간 장벽'이라고 해요. 개나 고양이가 사람의 질병에 잘 옮거나 옮기지 않는 이유도 바로 종간 장벽 때문이지요.

하지만 바이러스는 구조가 단순해서 복제할 때 변이가 잘 일어나요. 그래서 처음에는 조류에만 감염될 수 있다고 생각한 조류 독감이 사람을 감염시키기도 하지요. 이처럼 바이러스는 언제 종간 장벽이 깨지고 서로를 감염시킬 수 있는 바이러스로 변할지 몰라요.

 조류 독감

조류 인플루엔자(AI) 바이러스라고 불리는 조류 독감은 새들을 감염시키는 인플루엔자 바이러스예요. 이로 인해 철새나 사육장에 사는 조류들이 떼죽음을 당하기도 하지요.

❶ 닭의 배설물 속 바이러스가 물을 통해 다른 동물에게 전파됨.
AI 바이러스와 다른 동물의 바이러스가 결합할 때 신종 바이러스가 생길 수 있음.

❷ 인간 인플루엔자와 AI 바이러스를 모두 받아들이는 수용체를 가진 돼지에게 AI 바이러스가 전파되면, 훨씬 치명적인 변종으로 돌연변이할 가능성 있음.

❸ 돼지 속에서 AI 바이러스와 인간 인플루엔자 바이러스가 결합해 생긴 신종 바이러스는 사람에게 영향을 미칠 수 있음.

❹ 인체 면역 체계는 신종 바이러스를 인식하지 못하기 때문에 이 바이러스와 잘 싸우지 못함.

인수 공통 감염병의 전파 과정

그런데 얼마 전, 조류 독감이 사람에게 전염된 사례가 발생했어요.

인플루엔자 바이러스는 사람과 야생 조류가 감염될 수 있는 바이러스가 달라요. 그런데 돼지는 사람이 걸릴 수 있는 바이러스와 야생 조류가 걸릴 수 있는 바이러스에 모두 감염될 수 있지요. 만약 돼지가 야생 조류 독감과 인간 독감에 동시 감염되면 돼지의 폐 속에서 두 바이러스가 뒤섞여 조류와 사람이 모두 전염될 수 있는 새로운 바이러스를 만들어 전파시키는 감염원이 될 수 있어요.

사람과 동물이 모두 걸릴 수 있는 '인수 공통 감염병'

인수 공통 감염병은 돼지 같은 동물을 매개로 일어나요. 인간과 동물이 함께 감염될 수 있는 감염병에는 개, 고양이나 너구리 등의 야생 동물이 사람을 물 때 바이러스를 옮기는 광견병, 소가 옮기는 브루셀라병, 결핵균, 쥐가 옮기는 흑사병(페스트), 감염된 진드기가 물 때 옮기는 쓰쓰가무시병 등이 있어요.

문제는 야생 동물과의 접촉이에요. 보통 사람들은 바이러스에 처음 감염될 때 가장 심하게 질병을 앓아요. 환경이나 생태계 파괴로 야생 동물이 새로운 바이러스를 옮긴다면 인수 공통 감염병에 걸릴 수 있고, 생명에 위협이 될 수도 있어요.

비누는 깨끗해!

| 비누의 세정 원리 |

'모험 마당' 입구에서 헬멧과 안전장치를 한 민호가 체험장으로 달려갔어요. 향기는 헬멧을 조이며 주희에게 물었어요.

"정말 안 갈 거야? 혼자 심심하잖아."

"응, 저거 깨끗하지 않잖아. 나는 그냥 사진 찍으면서 놀래."

주희가 더러운 것을 못 참는다는 것을 잘 아는 향기는 고개를 끄덕이고 통나무 사다리를 오르고 있는 민호에게 갔어요.

해마다 체험 학습으로 오는 숲 체험장은 '모험 마당'이 신나기로 유명했어요. 모험 마당에는 밧줄로 통나무를 연결한 구름다리부터 밧줄을 타고 내려오는 집라인까지 여러 가지 놀이 기구가 있었어요. 인기가 많은 곳이라 다른 학교 학생들도 많았어요.

민호는 벌써 통나무 구름다리 위 공중 징검다리를 건너고 있었고, 향기는 이제 흔들흔들거리는 구름다리를 건너고 있었어요. 주희는 휴대폰을 높이 들어 사진을 찍었어요.

"향기야, 민호야, 사진 찍어 줄게!"

향기는 주희를 보고 환하게 웃었어요. 민호는 일부러 밧줄을 더 흔들어 휘청휘청 넘어질 듯 몸 개그를 했어요. 그런 친구들의 모습에 주희는 웃음이 터졌어요.

주희는 친구들 사진을 찍고 벤치에 앉았어요. 물론 벤치에 앉기 전에 가방에서 물티슈로 벤치를 닦고 그 위에 작은 돗자리를 까는 것을 빼놓지 않았지요. 주희는 깨끗하지 않은 것을 견딜 수 없었어요. 흙바닥인 모험 마당에서도 신경이 예민해졌어요. 모두 세균과 바이러스 덩어리로 보였어요. 더군다나 물티슈로 닦지도 못하는 밧줄을 잡고 체험하는 것은 상상할 수조차 없었어요. 주희는 아까 찍은 사진 몇 장을 엄마에게 보냈어요.

'풍덩'

"악!"

주희는 갑자기 오른팔과 어깨, 등에 느껴지는 차가운 감촉에 소리를 질렀어요. 고개를 돌려 보니 흙탕물이었어요.

주희는 일어서서 뒤를 돌아보았어요. 바로 뒤에 흙탕물이 가득한 커다란 물웅덩이가 있었어요. 분명 앉을 때는 보지 못했던 거예요. 물웅덩이 위에는 짧은 통나무 다리들이 마치 그네처럼 밧줄로 연결되어 있었어요. 그리고 물웅덩이 안에 작은 남자아이 한 명이 넘어져 있었어요. 흙탕물 범벅이 된 아이는 얼른 일어나 주희 쪽으로 달려왔어요.

"누나, 죄송해요. 통나무 다리를 건너다가 떨어졌어요."

아이는 벌벌 떨면서 주희에게 사과를 하고는 도망치듯 저 멀리 달려갔어요.

"아, 어떡해."

주희는 아무 생각이 나지 않았어요. 그저 몸에 묻은 흙탕물만 보였어요.

"주희야, 무슨 일이야? 괜찮아?"

멀지 않은 곳에 있던 향기가 달려오며 물었어요. 향기도 주희만큼이나 놀란 얼굴이었어요. 향기는 가방에서 물티슈를 꺼내 주희 등과 어깨를 닦아 주었어요. 주희도 물티슈로 손을 닦았어요. 그런데 몇 번을 닦아도 깨끗해지지 않았어요. 주희는 곧 울음이 터질 듯한 눈을 하고 향기를 바라보았어요.

"화장실 가서 씻고 오자."

향기와 주희는 멀지 않은 곳에 있는 화장실로 달려갔어요.

화장실에 도착하자, 주희는 물로 손을 비벼 씻었어요.

"그 웅덩이 엄청 더러웠어. 이거 봐, 손톱 밑까지 흙물이 다 들어갔어. 세균도 엄청 많을 텐데……"

"비누 있잖아. 비누로 닦아."

물티슈로 연신 주희의 티셔츠를 닦아 주던 향기가 말했어요.

"오늘 가방을 바꾸면서 종이비누를 놓고 왔어."

주희는 곧 울음이라도 터뜨릴 듯 말했어요.

"여기 화장실에 있는 비누 써."

"여긴 물비누가 없잖아."

"그냥 이 비누 쓰면 되잖아."

"공중화장실 비누를 어떻게 써? 더럽잖아."

"비누가 왜 더러워? 그냥 씻어도 돼."

"아니야, 다른 사람들이 화장실 다녀와서 만진 비누잖아. 그게 깨끗하겠어?"

"비누니까 괜찮을 거야."

"싫어!"

주희는 단호했어요. 평소 공중화장실의 비누는 온갖 세균이 묻어 있어서 손에 묻은 흙탕물만큼이나 더럽다고 생각했어요. 그때 화장실에서 나온 아주머니 한 분이 손을 씻기 위해 주희 뒤에서 기다리다가 걱정스러운 얼굴로 말씀하셨어요.

"얘, 그거 비누로 씻어야 해. 물로 아무리 해도 안 닦일 거야. 그렇게 마냥 서 있을 거면 내가 먼저 닦아도 되겠니?"

주희는 아주머니에게 자리를 내준 다음 곰곰이 생각에 잠겼어요. 그러나 별다른 방법이 생각나지 않았지요. 하는 수 없이 주희는 비눗갑 위의 미끌미끌한 비누를 손으로 문질렀어요. 인상을 잔

뚝 찌푸린 채로 말이에요. 다행히 하얀 비누 거품이 일며 흙탕물이 깨끗이 씻겨 내려갔어요. 그 모습을 보자 이상하게도 주희 마음이 조금씩 편해졌어요.

공중화장실에 있는 비누로 손을 씻어도 깨끗해질까?

코로나19가 확산되면서 손 씻는 일이 굉장히 중요해졌어요. 전문가들은 손을 깨끗이 씻고 마스크만 잘 써도 많은 질병을 예방할 수 있다고 말해요. 그런데 여러 사람이 만진 공중화장실 비누로 손을 씻어도 되는지 궁금하지 않나요? 그냥 나오기도, 비누를 만지기도 찝찝한데, 과연 공중화장실 비누로 손을 씻어도 깨끗해질까요?

 주희가 들려주는 이야기: 비누를 대량으로 만들면 상금 6억 원!

비누를 만들기 위해서는 지방과 나무를 태운 재(탄산 칼륨 성분) 또는 다시마나 해초를 태운 재(소다회 성분)가 필요해.

중세 시대에는 올리브와 해초를 이용해 비누를 만들었고, 시간이 지나면서 재 대신 천연 소다를 사용해 하얗고 질 좋은 비누를 만들었어. 올리브 대신 소의 지방을 이용하기도 했지. 하지만 올리브나 천연 소다는 모두 비싼 원료였기 때문에 비누를 많이 만들기는 어려웠어. 비누를 많이 만들기 위해 1775년 프랑스 과학 아카데미에서는 소금을 소다로 만드는 방법을 찾는 사람에게 지금 우리 돈으로 6억 원쯤 되는 상금을 준다고 했어. 하지만 오랫동안 아무도 그 방법을 찾지 못했어.

1789년에 들어서야 프랑스 화학자 르블랑이 목탄과 석회석을 이용해 소금에서 소다를 얻는 방법을 찾았어. 하지만 프랑스 혁명이 일어나 르블랑은 상금을 받지 못한 채, 비누 제조법을 모두에게 공개해야 했어. 1863년 벨기에의 화학자 솔베이는 소금과 석회석에서 오염 물질을 만들어 내지 않고 소다를 만드는 방법을 찾았어. 덕분에 더 많은 사람이 비누를 사용할 수 있게 되었어.

세균과 바이러스는 다르다고?

세균은 어디에나 있어요. 흙 속에도, 칫솔에도, 휴대폰에도, 김치 같은 음식에도, 우리의 위나 장에도 있지요. 세균은 눈에 보이지 않을 정도로 작은 생물로, 하나의 세포로 이루어졌어요. 영어로는 박테리아(Bacteria)라고 해요. 구형, 막대형, 나선형, 필라멘트형, 모양이 정해지지 않은 부정형 등 여러 가지 모양이에요. 세포를 둘러싼 세포벽과 그 안을 채우고 있는 세포질, 유전 정보를 담고 있는 DNA나 RNA 같은 간단한 구조를 갖고 있어요.

스스로 광합성을 하거나 무기물에서 에너지를 얻는 세균도 있지만, 대부분은 생물이나 다른 생물의 사체를 통해 에너지를 얻어요. 그리고 질병을 일으키기도 해요.

한편, 바이러스는 세포의 1,000분의 1 정도로 크기가 더 작고, 세균과 달리 스스로 생존하지 못하고 모두 다른 생명에 기생하여 살아가요.

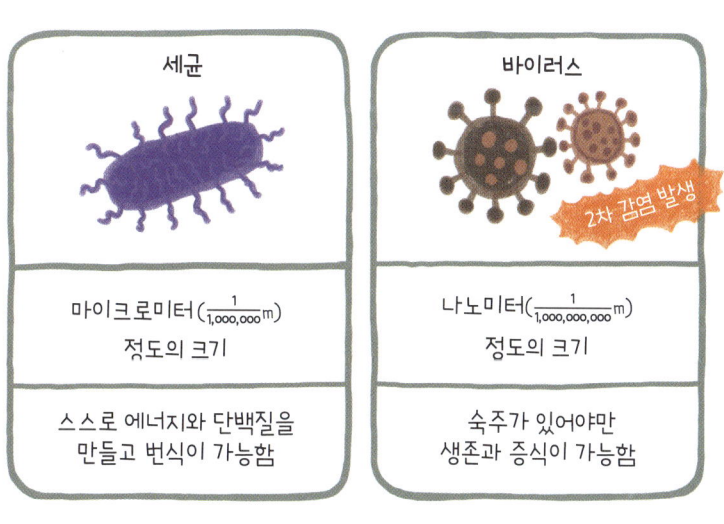

세균과 바이러스의 차이점

손을 통해 감염되는 질병

손에는 우리가 상상하는 것보다 많은 세균과 바이러스가 있어요. 여러 사람과 함께 사용하는 엘리베이터 버튼, 문손잡이에는 훨씬 더 많은 세균과 바이러스가 존재해요. 그렇기 때문에 물건을 만진 다음 손을 깨끗이 씻지 않고 음식을 먹거나, 코를 만지거나, 눈을 비비면 손에 있던 세균과 바이러스에 감염될 수 있어요.

설사를 심하게 하는 이질이나 장티푸스 같은 질병부터 폐렴, 코로나19 바이러스와 같은 호흡기 질병에 걸릴 수 있어요. 또 피부 질환이나 트라코마 같은 눈 질병, 회충, 편충과 같은 기생충에도 감염될 수 있어요.

언제부터 비누를 사용했을까?

사람들은 아주 오래전부터 비누를 사용했어요. 보통 고기를 먹으면서 우연히 비누를 발견했을 거라고 추측해요. 고기의 지방이 묻은 장작의 재를 물에 넣으면 거품이 잘 났고, 신기하게도 때가 쏙쏙 빠졌을 테니까요.

기원전 2800년경 바빌로니아인들은 흙으로 만든 도기 겉에 기름과 재를 섞어 비누를 만들었다는 기록을 남겼어요. 이것이 비누에 대한 첫 기록이지요.

그리고 고대 로마 시대 '사포(Sapo)'산에 있는 제단에서 양을 제물로 삼아 제사를 지냈어요. 이때 양을 태우면서 생긴 기름과 타고 남은 재가 빗물을 타고 강에서 빨래를 하던 여인들에게 흘러왔어요. 여인들은 이 물로 빨래를 하면 때가 아주 잘 빠지는 것을 발견했지요. 그래서 양의 기름과 나뭇재를 물에 섞어 빨래를 했고, 이것을 '사포'라 불렀어요. 비누의 영어명인 'Soap'은

여기에서 시작되었지요.

🔍 비누가 생명을 구했다고?

아주 옛날 고대 로마 사람들은 비누를 쓰며 목욕을 즐겼어요. 하지만 14세기 중반, 유럽에서 3명 중 1명이 목숨을 잃는 흑사병이 돌면서 목욕을 꺼리기 시작했어요. 피부에 물이 닿으면 세균이 쉽게 침투해서 병에 걸릴 수 있다는 말이 돌았거든요.

18세기 후반 산업 혁명이 일어나자 영국에서는 농사를 짓던 사람들이 도시의 공장으로 몰려들었어요. 좁디좁은 도시 뒷골목에는 집들이 따닥따닥 붙어 있었지만, 제대로 된 하수 처리 시설도 마련되지 않았어요. 그래서 마시거나 씻는 물도 쉽게 오염되었어요. 거리에는 악취가 진동했고요. 사람들이 몸을 잘 씻지도 않고, 물도 깨끗하지 않으니 질병에 걸리기 쉬웠지요. 안타깝게도 이때 많은 아기들이 질병으로 목숨을 잃었어요. 아기들은 면역력이 약해 더 큰 피해를 입은 거예요.

훗날 영국에서는 아이들의 사망률이 낮아지기 시작한 이유가 비누 덕분이라는 것을 밝혀냈어요. 처음 비누가 나왔을 때는 가격이 비싸 부자들만 사용할 수 있었어요. 비누를 만드는 재료비가 낮아지고 비누를 살 때 내는 세금도 없어져서 일반 사람들도 비누를 자유롭게 살 수 있었어요. 그러자 사람들이 비누로 깨끗이 몸을 씻기 시작했고, 어린 아기들이 질병에 걸리는 일이 줄어들었답니다.

물과 기름을 섞는 계면 활성제

물과 기름은 섞이지 않아요. 아무리 섞어도 가만히 두면 두 층으로 나누어지지요. 하지만 계면 활성제가 있으면 물과 기름을 섞을 수 있어요. 계면 활성제 분자의 한쪽 끝은 물과 잘 섞여 전기가 통해요. 다른 한쪽은 기름에 잘 섞여요. 그래서 물과 기름을 섞을 수 있지요. 달걀노른자 속의 레시틴이라는 성분이 바로 이런 계면 활성제 역할을 해요. 그래서 달걀노른자의 대부분이 물인데도 식용유와 달걀노른자를 오래 저으면, 두 물질이 섞여 마요네즈가 되지요.

달걀의 레시틴 같은 천연 계면 활성제도 있지만 합성 계면 활성제도 있어요. 이런 합성 계면 활성제로 세제를 만들기도 해요. 그런데 합성 계면 활성제는 환경을 오염시키고 건강을 해치기 때문에 잘 살펴야 해요.

비누는 어떻게 때를 뺄까?

비누도 계면 활성제의 한 종류예요. 때는 지방 성분으로 이루어져 있지요. 비누가 물에 들어가면, 비누 분자 중 기름과 결합하는 부분이 때와 결합하면서 때를 둘러싸요. 이때 때를 감싼 비누 분자들의 바깥쪽은 물에 녹아 전기를 띠고 있기 때문에 서로 밀어내요. 그렇게 때를 감싼 비누 분자들이 서로 밀어내면서 물에 씻겨 나가고 때도 떨어져 나가요.

공중화장실 비누를 써도 괜찮을까?

여러 사람이 함께 쓰는 공중화장실 비누는 세균이 득실거릴 거라고 생각하는 사람들이 있어요. 하지만 전혀 그렇지 않아요. 비누를 잘 건조하면 세

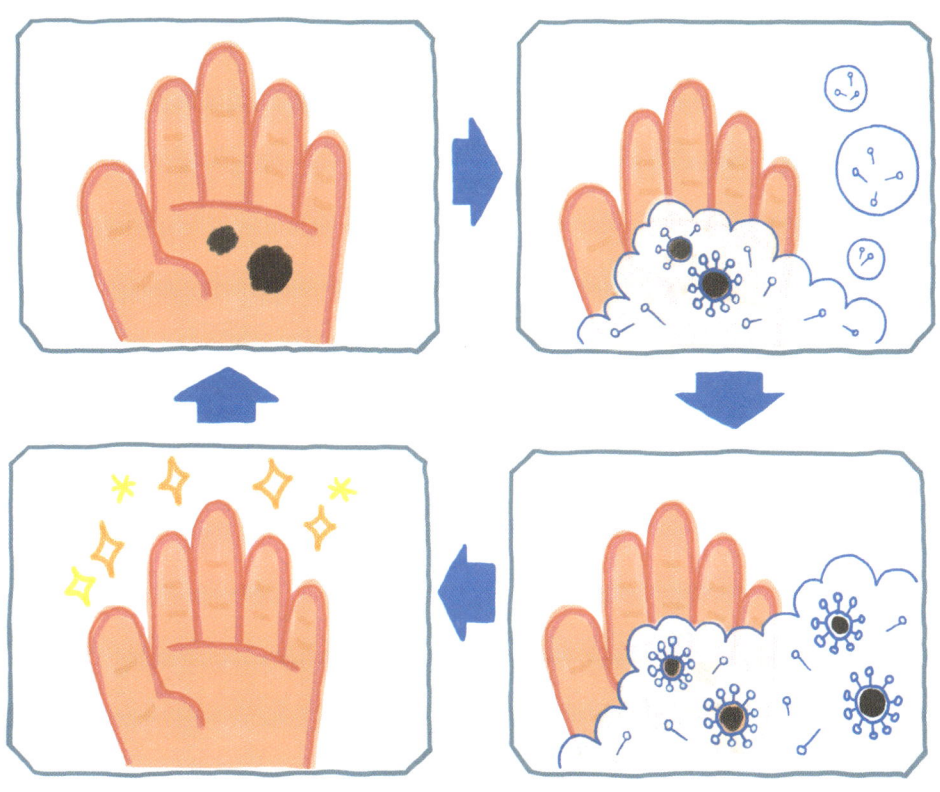

비누가 때를 빼는 과정

균이 살지 못해요. 만약 비누에 미세한 세균이 남아 있더라도 손을 제대로 잘 씻으면 세균은 없어진답니다.

  비누가 지방으로 이루어진 때를 빼는 과정을 떠올려 보세요. 세균에는 지방 성분이 있어요. 물과 비누를 묻혀 거품을 내는 동안 비누 분자는 마치 때를 빼듯이 세균의 지방 성분에 붙어 깨끗이 세균을 제거해요. 또 외피가 지방질로 된 바이러스도 비누로 손을 씻는 동안 바로 외피가 파괴되며 제 기능을 못하지요. 그러니까 공중화장실 비누를 쓰더라도 거품을 내어 구석구석

87

닦는다면 세균과 바이러스를 모두 제거할 수 있어요.

올바른 손 씻기

손은 '자주, 올바르게, 깨끗하게' 씻는 것이 중요해요. 반드시 비누나 세정제로 손을 씻어야 세균이나 바이러스를 깨끗이 없앨 수 있어요.

물과 비누를 묻힌 후, 다음과 같이 30초 동안 손을 씻으면 안심이에요.

❶ 손바닥과 손바닥을 마주 대고 문질러요.

❷ 손등과 손바닥을 마주 대고 문질러요.

❸ 손바닥을 마주 대고 손깍지를 끼고 문질러요.

❹ 손가락을 동그랗게 마주 잡고 문질러요.

❺ 엄지손가락을 다른 편 손으로 감싸 쥐고 돌리면서 문질러요.

❻ 손가락을 반대편 손바닥에 놓고 문지르며 손톱 밑을 깨끗이 해요.

올바른 손 씻기 순서

조금 늦으면 어때?

| 수영의 원리와 땀 |

'조금만 더, 조금만 더!'

시원스레 갈라지는 물살에 몸을 맡기며 정민이는 다시 한번 힘을 냈어요.

"와, 와! 정말 멋있어!"

순식간에 함성이 수영장을 가득 채웠어요. 정민이는 수영장 벽을 잡고 고개를 물 밖으로 내밀어 위를 둘러보았어요. 관람석에 앉은 사람들이 옆 레인을 향해 함성을 지르고 있었어요. 그 순간이었어요. 분명 물 위에 있던 다리가 균형을 잃고 물 밑으로 내려가며 머리까지 쑥 빨려 들어갔어요.

'꼬르륵.'

정민이는 급하게 팔을 휘둘렀지만 몸은 자꾸 가라앉았어요. 있는 힘껏 고개를 위로 젖혀 보았지만 여전히 코로 물만 들어왔어요.

그때 팔 하나가 정민이 목을 감싸 올렸어요. 그제야 정민이 머리가 물 밖으로 나왔어요.

"푸, 헉, 헉, 헉."

"최정민, 몸에 힘 빼라고 했지?"

정민이는 물을 얼마나 먹었는지 정신이 하나도 없었어요. 정민이를 물 밖으로 꺼내 올려 준 것은 코치님이었어요. 정민이는 수영장 가장자리에 걸터앉은 뒤 한숨을 크게 쉬었어요. 코치님은 물속에서 정민이 다리를 툭툭 치며 말씀하셨어요.

"자, 그동안 땀 많이 흘렸으니까 이제 곧 뜰 수 있을 거야."

"에이, 코치님, 물속에서 땀이 어떻게 나요?"

"물속에서 땀이 왜 안 나? 수영이 얼마나 운동이 많이 되는데."

코치님은 파이팅을 외치며 옆 레인으로 가셨어요. 수영을 배운 지 한 달이 넘었는데도 물에 뜨지 않는 건 정민이뿐이었어요. 사실 정확히 한 달 하고도 반이 넘었어요. 그래서 정민이는 레슨이 끝나도 매일 남아 한 시간씩 연습을 더 했어요. 수영장에는 정민이에게 관심을 두는 사람이 없었어요. 꼬마들 사이에서 꼬르륵거리는 모습을 본 사람도 없을 테니 정민이는 조금 안심이 되었지요.

수영장에 또 한 번 요란한 함성이 울려 퍼졌어요. 정민이는 왼쪽으로 고개를 돌렸어요. 왼쪽 맨 끝 레인에서 이수현이 물 밖으로 나오고 있었어요. 접영의 신으로 불리는 이수현은 초등부 대표다운 기운을 뿜어냈어요.

정민이는 다시 한번 심호흡을 하고 물속으로 들어갔어요. 물론 손으로 수영장 벽을 꼭 잡고서요. 오늘은 기필코 물에 떠서 발차기를 할 거예요. 정민이는 몸에 힘을 빼고 다리를 쭉 폈어요.

"최정민, 괜찮냐?"

이수현 목소리였어요. 정민이는 아무 소리도 들리지 않는다는 듯 고개를 물속으로 넣고 다리를 쭉 폈어요.

"다리가 자꾸 가라앉잖아. 힘을 빼야지."

이수현의 참견에 정민이는 한 손을 들어 빨리 가라고 흔들었어요. 도와 달라고도 안 했는데 이래라저래라 참견하는 이수현이 얄미웠어요.

'이수현, 진짜……. 아무리 친구라 해도 이럴 때는 모른 척 지나가도 되잖아.'

이수현이 반대편 레인으로 가는 것을 보고 나서야, 정민이는 안심하고 몸에 힘을 빼기 시작했어요.

초등학교에 입학할 무렵, 동네에 수영장이 하나 생겼어요. 친구들은 너도나도 수영을 배우기 시작했어요. 이수현도 그때 수영을 시작해서 지금은 대표 선수가 되었어요. 하지만 정민이는 수영에는 관심이 없었고 축구에만 빠져 있었어요. 5학년인 지금까지 계속 축구부 주장을 맡을 만큼 운동장에서는 자신 있었어요.

그런데 작년 여름, 캠프에 갔을 때였어요. 래프팅*을 하다가 바위에 부딪혀 보트가 뒤집어지고 말았어요. 정민이는 구명조끼를 입었는데도 발이 땅에 닿지 않자 계속 허우적거리기만 했어요. 정민이를 구해 준 것은 다름 아닌 이수현이었어요. 사실 별로 깊지도 않은 곳이어서 다른 친구들은 금방 물 밖으로 나왔지만 정민이 혼자 물속에서 코와 입으로 온갖 물을 다 먹으면서 고군분투한 거였어요. 정민이는 그때 수영을 배워야겠다고 다짐했어요.

하지만 막상 수영장에 오니 물에 뜨는 것조차 쉽지 않았어요. 정민이는 첫날 물을 얼마나 먹었는지 몰라요. 그날 집에 오자마자 인터넷 사이트를 뒤지며 물에 잘 뜨는 법을 찾아보았어요. 그러다가 근육이 많으면 물에 잘 뜨지 않는다는 사실을 알게 되었어요. 정민이는 축구로 다져진 다리를 꾹꾹 눌러 보았어요. 단단한 돌덩이 같았지요.

정민이는 다시 코치님의 말을 떠올렸어요. 큰 위로가 되었어요. 정민이는 그동안 '흘린 땀'을 믿기로 했어요.

'뜬다.'

이런저런 생각으로 몸에 힘이 빠지니 몸이 물에 뜨는 것 같았어요. 정민이는 코치님이 한 달 동안 알려 주신 대로 발차기를 시작했어요. 무릎을 펴고 발등으로 가볍게. 그리고 '음-파' 호흡법을 해 보

래프팅 고무보트를 타고 계곡의 급류를 헤쳐 나가는 레포츠.

았어요. 제법 안정적이었어요.

정민이는 한 손을 수영장 벽 위로 쭉 뻗어 레슨 시간까지 배에 묶고 있다가 풀어 놓았던 킥 판을 집어 양손으로 붙잡았어요.

정민이는 방향을 바꾸어 벽을 등지고 선 다음, 심호흡을 하고 다시 몸을 길게 쭉 펴며 몸에 힘을 뺐어요. 그리고 다리가 떠오르는 것을 느낀 다음 발차기를 시작했어요.

'음-파, 음-파!'

호흡도 안정적이고 동작도 리드미컬했어요. 느낌이 좋아요. 이제 저 끝까지 갈 일만 남았어요. 정민이는 드디어 킥 판을 잡고 앞으로 갈 수 있다는 사실이 믿기지 않았어요.

정민이는 혼신의 힘을 다해 발차기를 했어요. 어찌나 열심히 했는지 레인 끝에 다다르자, 축구 시합에서 전반, 후반, 연장전까지 뛴 느낌이었어요. 숨이 차고 땀이 날 정도인데 이상하게 땀은 한 방울도 나지 않았어요. 코치님은 분명 물속에서도 땀이 난다고 했는데, 거짓말일까요? 그때였어요. 이수현 목소리가 들렸어요.

"오, 최정민, 드디어 뜬 거야?"

'얄미운 녀석!'

하지만 정민이는 상관없었어요. 좀 늦으면 어때요? 그동안 땀 흘려 노력한 만큼의 결과가 나오기 시작했으니까요.

수영할 때도 땀이 날까?

수영은 팔과 다리를 이용하는 전신 운동이에요. 운동량이 많아서 수영을 하고 나면 배가 고플 정도지요. 만약, 수영할 때와 똑같은 시간 동안 줄넘기나 축구를 한다면 엄청나게 땀을 흘릴 텐데, 왜 수영할 때는 땀이 나지 않을까요?

 정민이가 들려주는 이야기: 전신 수영복을 금지하라!

전신 수영복, 반신 수영복, 래시 가드* 등. 수영복의 종류는 다양해. 그럼 선수들은 어떤 기준으로 수영복을 선택할까? 수영은 0.01초 차이로 순위가 결정되니, 선택은 간단해. 바로 물의 저항을 덜 받는 수영복을 골라야 하지.

처음 수영 경기가 열렸을 때만 해도, 면이나 양모로 만든 수영복을 입었지만 지금은 선수들이 가장 빠른 속도를 낼 수 있도록 연구에 연구를 거듭해 개발한 수영복이 출시되고 있어. 상어를 본떠 만든 전신 수영복은 물의 저항을 줄여 주기로 유명했지. 수영 대회에서 수차례 우승을 거머쥔 미국의 수영 선수 마이클 펠프스가 착용한 수영복은 미국 항공 우주국(NASA) 공학자가 연구했다고 해. 마치 물속을 지나는 로켓을 만드는 수준이었다니까. 이에 경쟁사에서는 바느질 솔기*도 없는 수영복을 개발했어. 그 수영복을 입은 독일의 파울 비더만은 바로 수영 황제의 자리로 올라섰어. 결국 수영 실력이 아닌 수영복 기술 경쟁이 되어 버린 거야. 지켜보던 많은 사람들은 이러한 상황을 비판하기 시작했어. 그래서 결국 2009년 국제 수영 연맹은 전신 수영복을 금지했어.

* **래시 가드** 흐르는 땀 때문에 미끄러지는 것을 방지하고 피부를 보호해 주는 운동복.
* **솔기** 옷이나 이부자리 등을 지을 때 폭을 맞대고 꿰맨 줄.

언제부터 수영을 했을까?

추정컨대 사람들은 아주 오래전부터 수영을 해 왔어요. 9,000여 년 전쯤 리비아 동굴 벽화에 수영하는 사람이 그려져 있을 정도니까요. 수영은 누구나 할 수 있고, 전신 운동이어서 운동 효과가 좋아요. 그래서 고대 그리스 병사들은 수영으로 체력과 지구력을 키웠어요. 최초의 수영 경기는 기원전 1세기경 일본에서 개최되었다고 해요. 19세기 초가 되면서 더 많은 사람들이 즐기게 되었답니다.

몸은 어떻게 물에 뜰까?

물속에 가만히 있으면 몸이 물에 떠요. 어떤 물체가 물에 뜨는 것은 '부력' 때문이에요.

목욕을 하다 말고 '유레카!'를 외치며 뛰쳐나온 아르키메데스의 일화가 유명해진 까닭은 이날 아르키메데스가 '부력'에 대해 알아냈기 때문이에요.

아르키메데스는 목욕을 하려고 목욕탕에 들어가 물이 넘치는 것을 보고, 물체는 물체가 차지하는 공간, 즉 부피만큼 물을 밀어낸다는 사실을 알아냈어요. 그리고 밀어낸 물의 무게와 같은 크기의 힘이 위쪽으로 작용한다는 것을 발견하고, 이 힘을 부력이라고 했어요. 물체의 무게와 부력이 같으면 물체는 물에 떠요.

이렇게 몸을 물에 띄우는 부력은 밀도와 관련이 있어요. 밀도는 똑같은 부피일 때, 질량*이 얼마나 되는지로 나타내요. 똑같은 부피의 물체를 물에 놓았을 때 질량이 작은 것은 물보다 밀도가 작아 물에 뜨고, 질량이 큰 것은 물보다 밀도가 커 가라앉아요. 쇠구슬은 물보다 밀도가 커서 가라앉아요. 스티로폼 조각은 물보다 밀도가 작아서 물에 떠요.

사람 몸을 이루고 있는 근육은 물과 밀도가 비슷하고, 뼈는 물보다 밀도가 크고, 피부와 지방은 물보다 밀도가 작아요. 그래서 가만히 있으면 물에 뜰 수 있어요. 근육보다 지방이 많은 사람이 물에 뜨기 쉬워요. 또 가슴 부분은 단단한 뼈보다 지방이 많아서 가만히 있으면 가슴이 팔다리보다 높게 떠요. 그래서 물속에서 팔다리를 움직이는 것은 앞으로 나가기 위한 추진력을 받으려는 행동이기도 하지만, 팔다리가 가라앉는 것을 막기 위해서 해야 하는 행동이에요.

또 소금물은 물보다 밀도가 높아서 염도가 높은 바닷물에서는 수영장에서보다 잘 뜰 수 있어요.

질량 어떤 물체를 이루고 있는 물질 고유의 양.

물속에서 앞으로 나가기 어려운 이유

물속에서는 공기 중에서보다 앞으로 나가기 어려워요. 물이 앞으로 나가는 것을 막는 '항력' 때문이지요. 이런 물의 저항을 줄이기 위해 잠수함이나 배를 물고기처럼 앞은 둥글고 뒤는 뾰족한 유선형으로 만들어요. 또 수영할 때 몸에 붙고 물의 저항을 줄일 수 있는 재질의 수영복을 입어요.

땀은 무엇으로 이루어져 있을까?

땀은 우리 몸이 체온을 조절하기 위해 내보내는 액체예요. 땀은 99%가 물이고 나머지는 나트륨, 염소, 칼륨 등의 성분이에요. 땀 속 염분의 농도는 몸속 수분의 양이 많고 적음에 따라 달라요.

땀은 땀샘에서 만들어 분비되는데 땀샘에는 에크린샘과 아포크린샘 두

가지가 있어요. 에크린샘은 온몸에 분포하고, 아포크린샘은 겨드랑이 밑, 배꼽, 젖꼭지 등에 있어요. 아포크린샘에는 단백질이나 지방 성분이 많이 함유되어 있어서 냄새가 나기도 해요.

우리는 체온이 항상 일정한 '정온 동물'이에요. 그래서 체온이 올라가면 체온을 낮추고, 체온이 낮아지면 체온이 높아지도록 조절하지요. 체온이 올라가면 교감 신경이 자극되고, 그러면 땀이 분비돼요. 피부 위로 나온 땀이 증발할 때 피부의 열을 갖고 가기 때문에 피부 표면의 온도가 내려가요.

반대로 체온이 낮아지면 부교감 신경이 자극되어 땀 배출을 막아 체온을 유지하도록 해요.

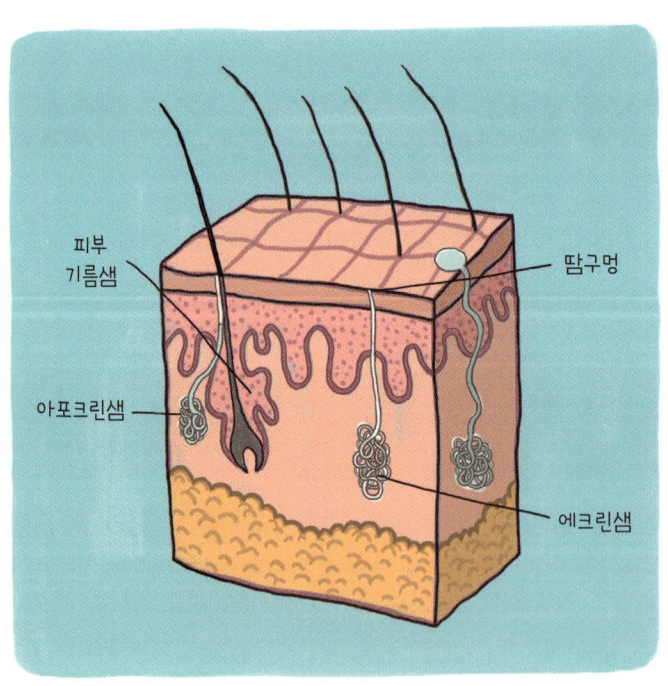

땀샘의 구조

 **수영할 때도 땀이 날까?**

　수영은 온몸을 사용하는 운동이에요. 그래서 열심히 움직이다 보면 체온이 올라가요. 체온이 올라가면 체온을 낮추기 위해 땀을 배출해야 하는데 과연 물속에서 수영할 때도 땀이 날까요?

　이 사실을 알아볼 수 있는 실험이 있어요. 수영하기 전과 후의 몸무게를 측정하는 거예요. 물에 오래 들어가 있으면 손가락이 쭈글쭈글해져요. 피부가 물을 흡수했기 때문이지요. 몸이 물을 흡수했다면 몸무게가 늘어나야 하는데, 수영하고 나면 오히려 몸무게가 줄어들어요. 바로 땀이 배출되었기 때문이지요.

　또 다른 실험은, 엉덩이에 체온계를 붙이고 수영한 실험이에요. 수영하고 난 뒤 물을 마시지 않은 채 체중을 재어 수영하기 전과 비교했어요. 그 결과 수영하고 난 뒤 체온이 상승하고, 몸무게가 줄어서 땀이 배출되었음을 알아냈어요.

　물론, 아직 과학적으로 정확한 실험 결과는 나오지 않았어요. 하지만 기발한 실험을 통해 체온이 올라가고, 몸무게가 줄었기 때문에 땀이 배출되었다는 기본적인 사실은 알 수 있어요. 물론 땅에서 똑같은 강도로 운동할 때보다 차가운 물속에 있어서 체온이 덜 올라가요. 그래서 땀의 양은 조금 적겠지만요.

　그러니까 수영할 때도 땀이 나기 때문에 수영을 격렬히 했다면 물을 꼭 마셔서 수분을 보충하는 게 좋답니다.

🔍 수영장이 땀으로 가득 차 있을까 봐 걱정된다고?

수영할 때 땀을 흘린다고 해서 수영장이 다른 사람들의 땀으로 가득 차 있는 건 아닌지 궁금하다고요? 걱정하지 않아도 돼요. 미국의 한 수영 선수가 땀 흡수 패치를 붙이고 기온 36℃, 수온 27℃의 수영장에서 한 실험에 따르면 105분 동안 운동할 때 평균 500ml의 땀을 흘렸어요. 또, 1994년 호주 수영 팀이 위와 같은 조건에서 한 실험에 의하면 1km를 수영했을 때 약 125ml의 땀이 나왔대요. 이 정도는 수영장의 소독과 여과 시스템이 걸러 줄 수 있는 양이랍니다.

빨리 어른이 되면 좋겠어

| 자율 주행 기술 |

"아빠, 여수 도착하려면 아직 멀었어요? 지루해 죽겠어요."

뒷좌석에 앉은 도윤이는 기지개를 켜며 말했어요.

"도윤아, 힘들지? 인천에서 여수까지는 원래 먼 길이잖니. 오늘은 그래도 차가 안 막힌다. 조금만 참자."

도윤이는 하윤이 쪽으로 몸을 기울여 앞좌석 사이로 보이는 유리창을 내다보았어요. 다행히 차들이 쌩쌩 달리고 있었어요.

"누나, 내가 빨리 어른이 되면 좋겠다. 할머니 댁 갈 때마다 아빠 혼자 운전하시잖아. 내가 어른이면 아빠 대신 운전할 수 있을 텐데."

"여덟 살 꼬맹이가 어른이 될 때쯤엔 완전한 자율 주행차가 개발되겠죠?"

하윤이는 창문에 자동차를 그리며 아빠에게 물었어요. 하윤이의 말에 도윤이는 눈을 동그랗게 떴어요.

"자율 주행차? 누나, 그게 뭔데?"

"사람이 운전하지 않아도 스스로 달리는 자동차 말이야."

"어떻게 자동차가 혼자 달릴 수 있어?"

"인공 지능 시스템을 달면 되지."

"인공 지능? 우아, 멋지다! 아빠, 우리 차는 자율 주행차가 아니에요?"

도윤이는 신이 난 목소리로 아빠에게 물었어요. 아빠는 도윤이의 말에 웃으면서 대답했어요.

"우리 차는 아직 아니야. 대신 자율 주행 기능이 있어. 고속 도로에서 자동차가 스스로 앞차와 일정한 간격을 유지하면서 속도를 조절해 줘. 앞차와 가까워지면 경보음이 울리거나 브레이크를 걸어 차를 멈추지. 크루즈 컨트롤이라는 기능이야. 오토 드라이브라고도 하고."

"정말요, 아빠? 우리도 한번 해 봐요!"

이번에는 하윤이가 들뜬 목소리로 말했어요.

"그럴까?"

아빠는 사이드 미러로 주변을 살피고 운전대 옆에 있는 버튼을 눌렀어요. 그리고 가볍게 운전대에 손을 올렸어요.

"지금 자동차가 스스로 운전하는 중이야. 어때? 아빠가 운전할 때랑 다르니?"

하윤이는 가만히 앉아 차의 흔들림과 앞으로 나가는 속도감을 느껴 보았어요. 하윤이가 양손을 모으고 가만히 있는 모습을 보고는 도윤이도 하윤이처럼 양손을 모아 잡고 가만히 있었어요.

"잘 모르겠어요. 아빠가 운전하실 때랑 똑같아요."

하윤이가 조금 들뜬 목소리로 아빠를 보며 말하자 도윤이도 목소리를 높였어요.

"에이, 아빠가 운전하시는 거 아니에요? 아빠가 운전대를 잡고 계시잖아요."

아빠는 억울하다는 듯 말했어요.

"아니야, 자동차가 스스로 운전한다고 해도 운전하는 사람은 운전대에 손을 얹고 항상 주의를 집중하고 있어야 해. 자동차는 일부분만 자율 주행할 수 있으니까."

'끼익.'

그때였어요. 차가 급정거하는 소리와 함께 갑자기 하윤이와 도윤이의 몸이 앞으로 쏠렸어요. 다행히 안전벨트 덕분에 아이들의 몸은 조금 흔들리는 정도였어요. 아빠는 급히 비상등 버튼을 누르고 아이들을 향해 물었어요.

"얘들아, 괜찮니?"

"네, 괜찮아요. 그런데 아빠, 무슨 일이에요?"

하윤이가 물으며 차창 밖을 살펴보았어요. 도로 위에 비상등을 켠 차 한 대가 멈춰 서 있고 뒤에 비상 표지판이 세워져 있었어요. 하윤이네 차는 그 옆에 아슬아슬하게 멈춰 있었어요. 조금만 늦었으면 사고가 날 뻔했지요.

아빠는 주변을 한참 살피다가 운전대를 돌려 옆 차선으로 옮겨 갔어요. 차는 서서히 달리기 시작했어요. 주변의 차들도 천천히 다시 달렸지요. 하윤이는 고개를 돌려 사고 난 차를 돌아보며 말했어요.

"아빠, 저 차처럼 고속 도로 한가운데서 차가 고장 나 서 버리면 위험하지 않아요?"

"위험하지. 하지만 갑작스럽게 고장이 났으면 어쩔 수 없었을 거야."

"그런데 아빠, 우리 차가 알아서 멈춘 거예요?"

도윤이가 눈을 동그랗게 뜨고 물었어요.

"아니. 자율 주행 기능이 있는 차라도 아직 멈춰 있는 물체는 잘 인식하지 못한다더니 정말인가 보다. 아빠가 운전대를 잡고 주의를 기울이고 있었어. 그러니까 브레이크를 제때 밟아서 차를 멈출 수 있었지."

아빠는 운전석 앞 거울로 아이들을 보며 말했어요.

"우리 다 큰일 날 뻔했네……"

"많이 놀랐을 텐데, 한잠 자렴. 한 시간쯤 더 가면 돼."

"괜찮아요, 잠이 다 깨 버렸어요. 할머니 갓김치 생각이나 할래요."

"엄마도 할머니 갓김치 제일 좋아했는데."

하윤이의 말에 도윤이는 여수에 가면 할머니 갓김치부터 먹던 엄마 생각이 났어요.

"그래, 엄마는 할머니 갓김치를 제일 좋아하셨어. 애들아, 할머니 생신 선물은 잘 챙겼지?"

"네, 아빠."

도윤이는 대답을 하고는 곧 걱정스러운 얼굴로 말했어요.

"그런데 아빠, 자율 주행차가 스스로 운전하고 가다가 다른 차를 피하지 못하면 어떻게 해요? 제가 어른이 되었을 때면 괜찮을까요?"

도윤이의 말에 하윤이도 걱정스러운 얼굴로 물었어요.

"그러게 말이에요. 정말 자율 주행차를 믿을 수 있을까요?"

자율 주행차, 믿을 수 있을까?

사람이 운전하지 않아도 되는 자율 주행차를 타고 가고 싶은 곳을 마음대로 다닐 수 있다면 얼마나 좋을까요? 인공 지능 시스템을 이용하여 스스로 운전하는 자율 주행 기술이 발전하면 가능할까요? 그렇다면 자율 주행차는 우리를 안전하게 목적지까지 데려다줄 수 있을까요?

 하윤이가 들려주는 이야기: 트롤리 딜레마

브레이크가 고장 난 전차가 멈추지 못하고 계속 달리는데, 앞에 갈림길이 나타났어. 세상에! 양쪽 선로에 공사하던 인부들이 있지 뭐야. 그것도 피할 수 없도록 선로에 꽁꽁 묶인 채! 만약 전차가 가던 길로 계속 간다면 다섯 명의 인부가 희생당하고, 선로를 바꾸면 한 명의 인부가 희생당하는 상황이라면, 전차는 어느 길로 가야 할까?

이런 끔찍한 상황을 설정한 사람은 바로 영국 철학자 필리파 풋이야. 어느 쪽을 선택해도 희생을 피할 수 없기 때문에 '트롤리 딜레마'라고 하지. 그러면 어떤 선택을 해야 할까? 일부 철학자들은 이 상황에서 한 명의 희생자가 생기는 쪽으로 가야 한다고 했어. 다섯 명의 희생보다는 한 명의 희생이 그나마 낫다는 거지. 또 다른 철학자들은 누군가를 다른 목적으로 이용하면 안 되기 때문에 선로를 바꾸면 안 된다고 했어. 이 복잡한 상황을 이야기하는 이유는 자율 주행차가 도로 위에서 이런 선택을 해야 할지도 모르기 때문이야.

자율 주행차?

자율 주행차는 사람이 운전하지 않아도 스스로 달리는 자동차를 말해요. 자율 주행차는 사람들의 상상 속에서 시작되었어요. 그런데 SF 영화에나 등장할 법한 자율 주행차가 이제는 점점 현실이 되고 있어요. 1950년대 자율 주행의 개념을 띤 차가 연구되기 시작했고, 1993년 우리나라에서도 자율 주행차가 첫 시내 주행에 성공했어요. 2012년 구글의 '구글 카'는 자율 주행차 최초로 시험 면허를 획득했어요. 구글 카의 발행 번호판에는 미래의 자동차를 의미하는 무한대 마크(∞)가 그려져 있어요. 지금은 세계 여러 나라의 자동차 회사에서 자율 주행차를 연구 중이에요.

자율 주행차에도 눈이 있다?

자율 주행차는 사람처럼 주변 상황을 인식할 수 있어야 해요. 자율 주행차 곳곳에 부착된 카메라, 레이더(Radar)와 라이다(Lidar)가 그 역할을 하지요. 레이더는 전자파를 내보내 사물에 부딪혀 돌아오는 시간을 측정해요. 그러면 사물이 얼마나 가까이 있는지 알 수 있지요. 라이다는 전자파 대신 레이저를 내보내 레이더와 같은 방법으로 사물이 얼마나 가까이 있는지 알아내요.

한편, 자율 주행차는 GPS를 이용해요. GPS는 인공위성을 이용해 자신의 위치를 정확히 알아낼 수 있는 장치예요. 인공위성에서 보내는 신호를 통해 어느 도로 위를 달리고 있는지 알아낼 수 있지요.

또 자율 주행차에는 인공 지능 컴퓨터 시스템이 탑재되어 있어요. 레이더와 라이다, GPS 등을 통해 알아낸 주변 상황을 토대로 인공 지능 컴퓨터 시스템이 어느 길로 가는 것이 빠르고 안전한지 판단해 주행해요.

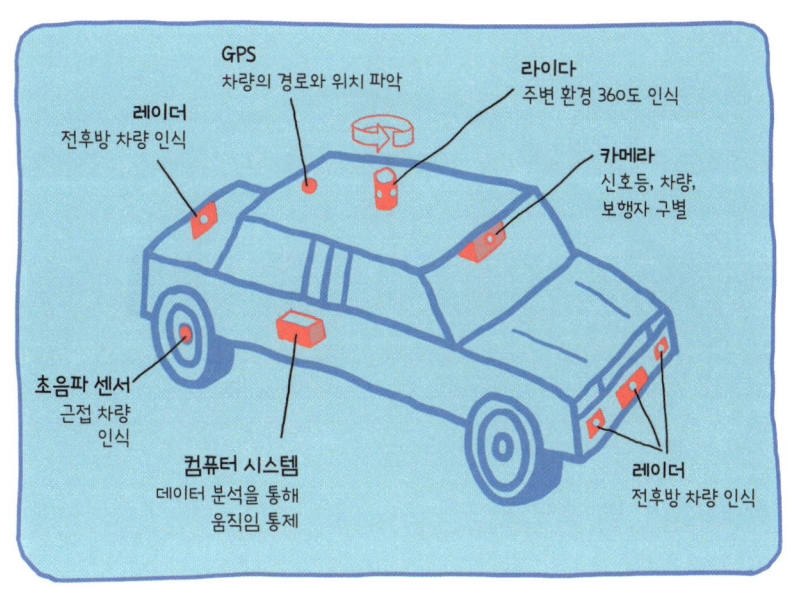

자율 주행차의 외부 인식 주요 장치

자율 주행차에도 단계가 있다고?

자율 주행차는 운전자가 운전에 얼마나 관여하느냐에 따라 0단계에서 5단계로 나누어져요.

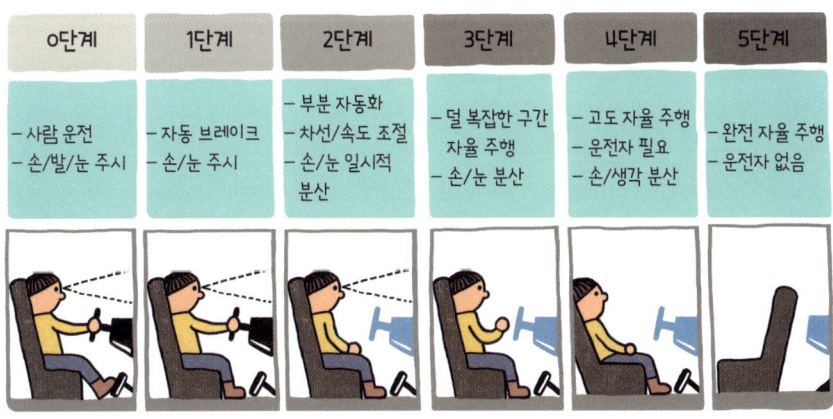

자율 주행 단계

0단계: 자율 주행 기술이 없는 단계.

1단계: 운전자를 보조하는 단계. 운전자가 운전대에 손을 대고 있는 동안 자율 주행으로 방향이나 속도를 바꾼다.

2단계: 부분적으로 자동화된 단계. 운전자가 주로 운전하지만, 특정한 상황에서는 운전자가 관여하지 않아도 자율 주행으로 자동차의 속도와 방향을 동시에 바꾼다.

3단계: 조건에 따라 자동화되는 단계. 자율 주행 도중 위험한 상황이 생기면 운전자에게 운전을 요청하지만, 보통 자율 주행으로 앞차나 장애물을 감지하고 피할 수 있다.

4단계: 고도로 자동화된 단계. 자율 주행으로 전체 주행을 한다. 위험 상황에서 운전자가 운전하지 않아도 자율 주행이 안전하게 대응한다.

5단계: 완전 자동화된 단계. 운전자 없이 자율 주행차가 판단하여 스스로 운전한다. 인간이 운전할 때 조작하는 엑셀, 브레이크 같은 장치는 필요하지 않다.

현재 자율 주행차 연구는 3단계 정도예요. 전문가들은 2030년쯤이면 완전한 자율 주행차가 완성될 거라고 예측해요.

자율 주행차가 교통사고를?

기술이 발전하면서 자율 주행차의 성능은 점점 좋아지고 있어요. 하지만 아직 안심하기는 일러요. 자율 주행차로 인한 사고가 계속 발생하고 있으니까요.

2016년 미국 캘리포니아에서 구글이 만들고 시험 주행하던 자율 주행차가 버스와 부딪혔어요. 자율 주행차가 근처의 모래주머니를 발견하고 이를 피하려다가 옆에서 직진하던 버스와 충돌한 거지요. 다행히 아무도 다치지 않았어요. 하지만 이 사고는 330만 km를 달리며 낸 17건의 사고 중 구글이 자율 주행차의 잘못이라고 인정한 첫 번째 사고였기 때문에 크게 주목받았어요.

2018년에는 미국 애리조나주에서 우버의 자율 주행차가 횡단보도 바깥에서 자전거를 끌고 걸어가던 여성 보행자를 쳐서 목숨을 잃게 한 사고가 있었어요. 우버는 이 지역에서 자율 주행차를 시행 운행하고 있었는데, 이 여성을 자전거로 인식해 긴급 제동을 하지 못한 거예요.

자율 주행차의 보안 문제

자율 주행차는 클라우드 서비스를 이용해요. 클라우드는 파일이나 정보를 저장할 수 있는 인터넷상의 서버예요. 자율 주행차는 통신을 이용해 운행에 관한 많은 정보를 클라우드 서비스 서버에 보내 저장하지요. 문제는 통신을 이용해 정보를 주고받기 때문에 해킹을 당하면 정보가 새 나갈 수 있다는 거예요. 또 누군가가 자율 주행차에 올바르지 않은 정보를 입력한다면 어떻게 될까요? 실제로 2015년 주행 중이던 차가 해킹을 당했어요. 운전자가 조작하지 않았는데도 에어컨이 켜지고 와이퍼가 움직였다고 해요. 다행히 보안 전문가들이 실험 목적으로 한 해킹이었지만, 자동차와 멀리 떨어져 있는 지하 사무실에서 누군가가 타고 있는 자동차를 조종할 수 있다는 사실은 매우 충격적이었어요. 자율 주행차가 해킹된다면 자율 주행차는 더 이상 안전하다고 할 수 없을 거예요. 그래서 보안도 자율 주행차의 안전을 위해 갖추어야 할 중요한 요소 중 하나예요.

안전한 자율 주행차를 위해

아직 자율 주행차가 우리가 믿고 탈 수 있을 만큼 안전한지, 그렇지 못한지 정확하게 말할 수는 없어요. 지금은 완전한 자율 주행차를 만들기 위해 연구 중이기 때문이에요. 기술적으로 더 보완하고, 더 많은 시험 주행을 거쳐야 하지요. 또 법적인 문제와 윤리 문제를 설정해 놓는 것도 중요해요.

우버 자율 주행차가 사고를 낸 이후 미국 자동차 공학회(SAE)는 자율 주행 차량 테스트 표준을 발표했어요. 발생할 수 있는 다양한 사고 상황을 테스트하고, 이를 통과해야 자율 주행 차량 면허를 주게끔 한 것이지요.

UN에서는 자동차 안전 기준을 연구하고 세계 여러 나라가 이에 맞출 수 있도록 세계 포럼을 여는 등 더 안전한 자율 주행차를 만들 수 있도록 노력하고 있어요.

자율 주행차보다 인간이 먼저

자율 주행차를 설계할 때 가장 중요한 점은 무엇일까요? 무엇보다도 탑승객이나 보행자 같은 인간의 안전이에요. 우리나라 국토 교통부에서는 앞으로 만들어질 4단계 자율 주행차의 윤리 가이드라인을 발표했어요. 실제 도로 상황에서 인간을 보호하기 위한 기본적인 가치를 정한 거지요. 이에 따르면 자율 주행차가 주행할 때는 인간 존엄성을 존중하고, 재산보다는 인간 생명을 가장 우선으로 보호해야 해요. 또 사고를 피할 수 없을 경우에 인명 피해를 최소화해야 하고, 더불어 지구 환경을 지켜야 하지요.

| 무선 결제 시스템의 원리 |

'삐삐삐삐.'

지은이와 하윤이는 귀여운 캐릭터가 그려진 모자를 하나씩 들고 기념품점 입구에 서 있다 갑작스럽게 경보음이 울리자 당황했어요.

"우리 때문에 나는 소리야?"

"그런가 봐. 저 안쪽으로 한 발자국만 들어가 보자."

지은이와 하윤이가 매장 안쪽으로 발걸음을 옮기자 경보음은 거짓말처럼 멈췄어요.

"휴, 다행이다."

"계산은 어디서 하면 되냐고 물어보려던 것뿐인데……."

"안 되겠다. 여기 점원도 없고, 저 경보음도 무섭고. 그냥 가자."

당황한 지은이와 하윤이는 모자를 제자리에 두고 매장 밖으로 나왔어요. 지은이는 요즘 한창 유행인 캐릭터가 그려진 모자를 사지 못한 것이 못내 아쉬웠어요. 집 근처 큰 마트에는 그 모자가 모두 품절이어서 구하기 힘들었거든요. 아쉽지만 지은이는 입구에서 경보음이 울리지 않는 것만으로도 다행이라고 생각했어요.

"시간도 얼마 안 남았어. 버스 떠나면 안 되니까 그냥 가자."

지은이와 하윤이는 휴게소 입구에 있는 자판기에서 음료수를 하나씩 뽑아 들고 '푸른 초등학교 수학여행 3호'라고 메모가 붙은 버스에 올랐어요.

버스에 타자 반 아이들이 휴게소에 있던 기념품점 이야기를 하는 것이 들렸어요.

"기념품점에 캐릭터 제품 예쁜 거 많았는데 점원이 없어서 못 샀어."

"맞아. 점원은 없는데 물건을 들고 밖으로 조금만 나오면 삑삑거렸어. 나도 시간이 없어서 그냥 왔어."

버스 맨 앞에서 인원을 확인하시던 선생님도 아이들 이야기에 참여했어요.

"아마 기념품에 달린 전자 태그˙ 때문일 거야. 선생님도 아까 캐릭터 볼펜 하나 사려고 했는데 점원이 없어서 기다리다가 그냥 왔

전자 태그 바코드 대신 물건에 관한 정보를 IC 칩에 담아 부착한 태그. 무선 식별 장치 또는 RFID라고도 함.

어. 상품에 전자 태그가 있으면 상점 밖으로 물건을 갖고 나갈 수가 없어. 경보음이 울리니까. 그래서 점원이 잠깐 자리를 비울 수 있는 거고. 또 큰 상점이나 옷 가게, 마트에서는 물건 하나하나의 위치까지 빠르게 파악할 수 있어서 전자 태그를 많이 쓰지."

"전자 태그요? 선생님, 그러고 보니 제가 작년에 중국에 사는 이모네에 갔었거든요? 거기 편의점은 점원 없이 아예 전자 태그로만 결제하더라고요. '빙고 박스'라는 매장이었는데 물건마다 신호를 보낼 수 있게 칩이 붙어 있었어요. 기계에 가까이 가져가면 결제가 되고요. 정말 신기했어요."

"그래, 맞아! 요즘 무인 상점도 늘고 있지. 활용하는 기술은 조금 다르지만, 미국 '아마존 고*' 매장은 그냥 물건을 골라 가지고 나오기만 하면 돼. 얼마 전에 우리나라에도 아마존 고처럼 물건을 가지고 나오기만 해도 계산되는 상점이 문을 열었지."

"우아, 정말요? 저도 가 보고 싶어요."

기념품점 이야기를 시작으로 아이들과 선생님은 저마다 이야기꽃을 피웠어요.

버스는 어느덧 다시 고속도로 한가운데를 달리고 있었어요.

지은이는 하윤이와 버스에 나란히 앉아 음료수를 마시며 좋아하는 아이돌 가수 이야기를 하다가 누가 먼저랄 것도 없이

무인 매장 아마존 고
미국 전자 상거래 기업 아마존이 운영하는 상점이에요. 세계 최초의 무인 매장이지요. 소비자가 스마트폰에 애플리케이션을 다운로드하고 매장에 들어가 상품을 골라 나오면 연결된 신용 카드로 비용이 자동 청구돼요.

잠이 들었어요.

지은이가 잠에서 깬 것은 배가 살살 아파서였어요. 하윤이는 창문에 머리를 대고 잠들어 있었어요. 아이들도 모두 자는지 버스 안은 쌕쌕거리는 옅은 숨소리만 들릴 뿐이었어요. 지은이는 얼른 학교까지 얼마나 남았는지 계산해 봤어요. 버스가 출발할 때 선생님이 3시간 정도 걸릴 거라고 했어요. 두 시간쯤 지났으니까 학교까지 한 시간쯤 남았을 거예요.

지은이는 추우면 배가 더 아플 것 같아 벗어 놓았던 점퍼를 목 위까지 올리고 다시 눈을 감았어요. 한 시간이면 버틸 수 있을 것 같았어요.

하지만 시간이 지날수록 점점 더 배가 아팠어요. 문제는 고속 도로가 차들로 꽉 막혀 있다는 거였어요.

지은이가 배가 아파서 이리저리 뒤척이자 옆에 있던 하윤이도 잠에서 깼어요.

"지은아, 왜 그래? 어디 아파? 얼굴이 하얘."

"응, 배가 좀 아파."

"어떻게 하지? 도착하려면 아직 멀었나?"

"참을 수 있을 거야. 괜찮아."

지은이는 사실 괜찮지 않았어요. 배가 부글부글 요동치기 시작했어요. 창밖을 내다보니 저 멀리 서울 요금소가 보였어요. 요금소만 지나면 금방 화장실에 갈 수 있을 것 같았어요. 그런데 문제는 요금

소 주변에 차가 꽉 막혀 있다는 거예요. 지은이는 절망적인 표정으로 눈을 감았어요.

그런데 갑자기 차가 빨리 달리기 시작했어요. 지은이가 눈을 떠 보니 버스가 차들이 꽉 막힌 차로를 지나 파란 줄이 그려진 차선으로 달리고 있었어요. 버스는 '하이패스 전용'이라고 표시된 파란 차선을 따라 막힘없이 요금소를 그냥 통과했어요. 요금소는 고속 도로 통행 요금을 내야 지나갈 수 있는데 말이죠.

지은이는 통행 요금을 내지도 않고 그냥 요금소를 지나는 것이 이상했지만, 아무 일 없이 학교 화장실로 갈 수 있을 것 같다는 생각에 질문은 나중으로 미루기로 했어요. 다행히 몹시 아프던 배도 조금씩 가라앉기 시작했어요.

그냥 지나가기만 해도 계산이 된다고?

고속 도로를 달리다 보면 고속 도로 통행 요금을 내는 요금소를 지나야 해요. 요즘은 요금소를 지날 때 차를 멈추지 않아도 되는 '하이패스' 전용 차선을 많이 이용해요. 그런데 아무리 생각해도 신기해요. 어떻게 그냥 지나갈 뿐인데 고속 도로 통행 요금이 저절로 계산될까요?

자은이가 들려주는 이야기: 무선 식별 장치(RFID)로 반려동물 찾기

'강아지를 찾습니다', '고양이를 찾습니다' 등 가족 같은 반려동물을 애타게 찾는 전단지를 본 적 있을 거야. 반려동물과 함께 사는 사람들이 늘면서 길을 잃은 반려동물도 점점 늘고 있지. 가벼운 마음으로 반려동물을 입양했다가 다시 유기하는 일도 많고. 농림축산검역본부의 조사에 따르면 2020년 한 해 동안 유실·유기 동물이 13만여 마리에 이르고, 이 중 2만 7천여 마리는 안락사시켰어. 농림 축산 검역 본부에서는 이와 같은 문제를 해결하기 위해 2014년부터 반려동물 등록제를 시행하고 있어. 전국의 시·군·구에 사는 생후 2개월 이상 된 개는 반드시 지방 자치 단체에 등록해야 하지.

반려동물을 등록할 때는, 신호를 보낼 수 있는 작은 마이크로 칩인 전자 태그(RFID, 무선 식별 장치)를 반려동물 몸속에 넣거나, 목걸이로 걸어야 해. 길을 잃고 헤매는 반려동물을 동물 병원에 데려가면 전자 태그가 보내는 전자 신호를 리더기로 읽어. 그러면 동물 보호 시스템에 등록된 정보로 함께 살던 가족 정보를 알 수 있지. 반려동물을 잃어버리더라도 쉽게 찾을 수 있고, 함부로 동물을 유기할 수 없도록 하는 시스템이야.

 하이패스가 뭐지?

하이패스(Hi-Pass)는 전자 카드가 들어 있는 단말기를 차에 설치하고 고속 도로 요금소를 지나면 자동으로 통행료가 결제되는 시스템을 말해요. 운전하는 사람이 손 하나 까딱하지 않아도 차와 요금소 주변 시스템이 무선으로 결제 정보를 주고받지요.

우리나라에서는 2000년에 시작되어 2007년에는 전국의 모든 도로에 설치되었어요.

하이패스를 이용하려면 차 안에 IC 카드와 차량 단말기가 있어야 해요. 그리고 요금소에는 신호를 주고받는 안테나가 필요하지요. 고속 도로 요금소에서 파란 선을 타고 하이패스 차로로 차가 들어오면 안테나가 차량으로 결제 요청 정보를 보내요. 그러면 차 안의 단말기는 IC 카드의 종류와 결제 방식을 읽어 안테나에 신호를 보내요. 안테나에서는 이 정보를 영업소로 보내 결제를 완료한 뒤에 결제가 완료되었다는 사실을 주고받아요. 그다음 다시 차량 단말기에 신호를 보내 IC 카드에 결제가 완료되었다고 기록해요.

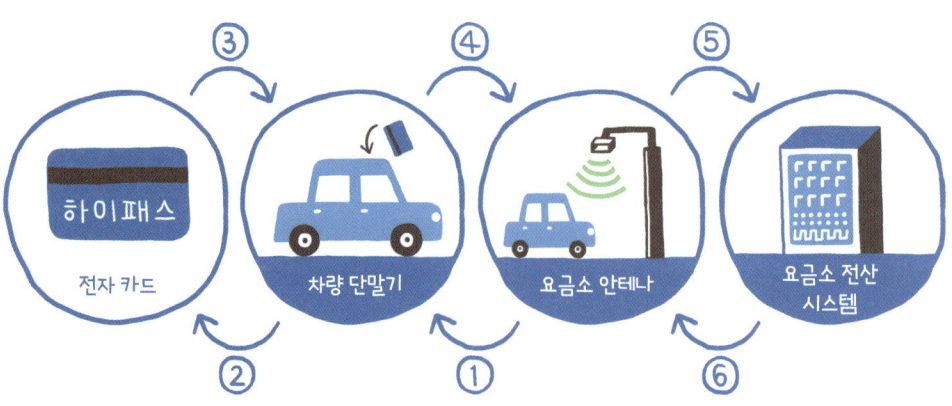

하이패스의 원리

 어떻게 카드가 스스로 결제할까?

하이패스로 결제를 하려면 IC 카드가 필요해요. 스마트카드라고도 불리는 IC 카드에는 반도체 기반의 집적 회로가 들어 있어요. 그래서 데이터를 저장할 뿐만 아니라 연산도 할 수 있는 초소형 컴퓨터와 비슷하지요. IC 카드에는 접촉식 카드와 비접촉식 카드, 그리고 둘 다 할 수 있는 하이브리드 카드가 있어요. 신용 카드는 접촉식 카드이고, 충전식 교통 카드는 비접촉식 카드예요. 보통 하이패스 카드는 하이브리드형이 많아요.

접촉식 IC 카드에는 카드 표면에 네모 모양의 금속 패턴이 있어요. 이 부분과 단말기가 접촉해서 전기를 보내 정보를 주고받아요.

비접촉식 IC 카드는 카드 안에 무선 통신부와 아주 작은 안테나를 갖고

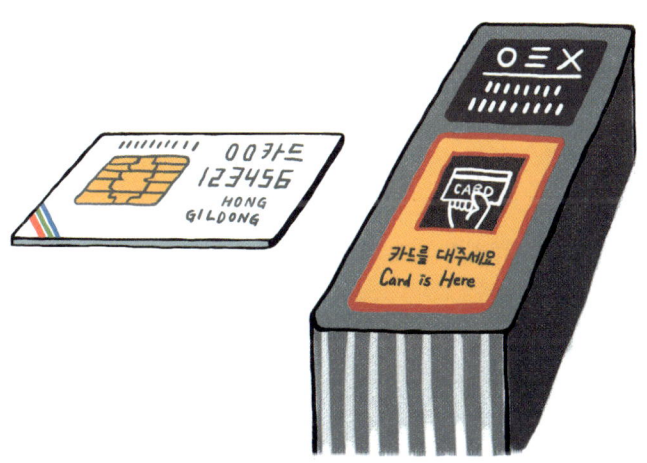

접촉식 IC 카드(왼쪽)와 비접촉식 IC 카드 단말기(오른쪽)

IC 카드 카드 안에 집적 회로(Integrated Circuit)를 넣어 현금 없이 금융 거래를 할 수 있는 카드.

있어서 무선 통신이 가능해요. 카드 주변의 무선 주파수나 적외선 신호를 감지해서 결제 정보를 주고받아요. 이때 카드에서 신호를 보내기 위해서는 전기가 필요한데, 이 작은 카드 안에서 전기를 스스로 만들어 신호를 보낼 수 있어요.

하이패스 카드는 하이패스 차로로 통과하면 신용 카드처럼 단말기가 신호를 주고받지만, 일반 차로로 통과할 경우 충전식 교통 카드처럼 요금소에 있는 단말기에 가까이 대야 결제가 돼요.

아주 작은 안테나를 품고 있는 전자 태그(RFID)

전자 태그(RFID)는 IC 칩에 데이터를 담아 무선 주파수를 이용해서 정보를 인식하는 기술이에요. 바코드는 아주 가까운 거리에서만 정보를 읽을 수 있지만, 전자 태그를 이용하면 멀리 있는 상품의 정보도 주고받을 수 있어요. 립스틱과 같은 상품에 전자 태그를 부착하면 큰 창고 안 어디에 그 상품이 있는지 손쉽게 찾을 수 있고, 상점에서 그 상품이 언제 팔렸는지도 알 수 있어요. 그래서 이 기술은 상점뿐 아니라 동물 위치 추적 장치로도 쓰이지요. 또 버스 정류장의 '버스 알림' 서비스에도 쓰여요.

전기를 스스로 만들어 신호를 보내는 카드

충전식 버스 카드 같은 비접촉식 IC 카드는 카드 안에서 스스로 전기를 만들어 신호를 보낼 수 있어요. 카드 안에 아주 작은 두 개의 안테나 코일이 있어서 가능하지요.

이 신기한 일은 '전자기 유도' 현상 덕분이에요. '전자기 유도 현상'은 자석 주변에 생기는 자기장으로 전기가 만들어지는 것을 말해요. 이 원리를 이용해 조그마한 교통 카드뿐만 아니라 발전소에서 우리가 사용하는 전기를 생산해요.

계산대가 사라진다!

전자 태그를 이용하면 점원이 없어도 손님이 물건을 계산대에서 직접 계산할 수 있어요. 중국의 '빙고 박스'라는 편의점은 손님이 직접 물건을 계산대에 가져가면 결제가 돼요. 또 물건을 계산하지 않고 나가면 문이 열리지 않

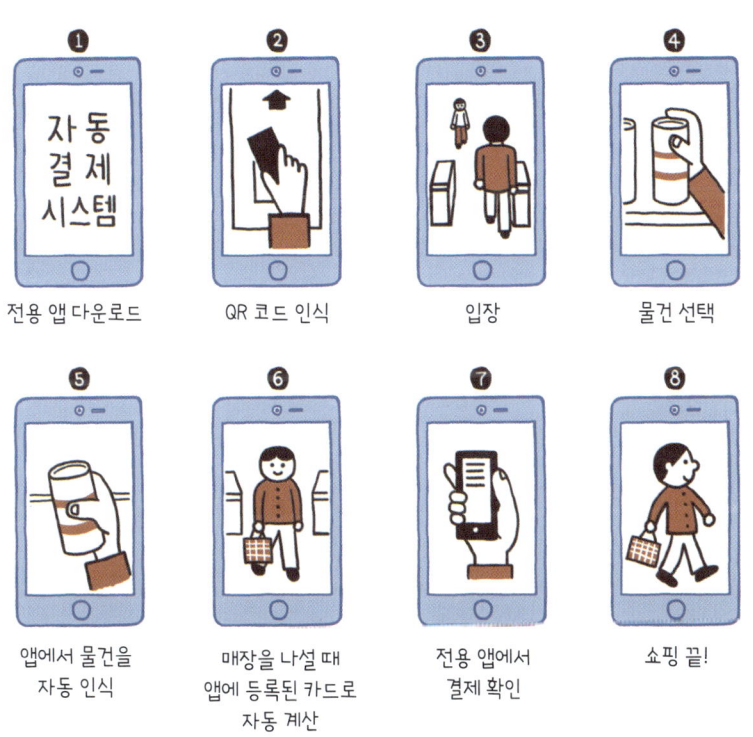

자동 결제 시스템 사용법

지요. 우리나라의 몇몇 마트와 편의점에도 이 방식을 이용하고 있어요.

미국의 '아마존 고'는 아예 계산대가 없어요. 앱을 다운로드 받고 매장에 들어가면 수많은 카메라와 인공 지능, 사물 인터넷 시스템이 자동으로 작동해 손님은 그냥 물건을 가지고 나오기만 해도 저절로 물건값이 계산돼요. 2021년에는 우리나라 대형 쇼핑몰에도 이 기술을 활용한 무인 상점이 생겼어요. 앞으로는 전자 태그 덕분에 지갑을 가지고 다닐 일이 없어지는 날이 오겠죠?

은행나무 길에서 전력 질주

| 은행나무의 비밀 |

"다녀오겠습니다!"

"새벽에 비가 와서 길이 미끄러울 거야. 늦었다고 뛰지 말고 조심 조심 다녀!"

윤아는 엄마 말씀을 듣는 둥 마는 둥 하고 달려 나갔어요. 오늘도 지각하면 다음 주 내내 교실 청소 당번을 해야 하거든요. 오늘은 일찍 일어나려고 알람까지 맞췄는데 소리를 못 듣고 늦게 일어났어요.

"가을이라서 그런 거야. 이제 아침에도 환하지 않잖아."

윤아는 늦게 일어난 것을 가을 탓으로 돌리며 얼른 시간 계산을 했어요. 학교까지는 보통 걸음으로 10분 걸려요. 그리고 지금은

8시 52분. 엄마 말씀처럼 걸어간다면 9시까지 교실에 앉아 있기는 어려워요. 그러면 다음 주 내내 교실 청소를 하느라 학교에 남아 있어야 한다는 이야기지요. 그럴 수는 없었어요.

윤아는 속도를 내기 시작했어요. 슈퍼 모퉁이를 돌고 문방구를 지나면 학교 담이 나와요. 거기서부터 정문까지는 인도이기 때문에 안전하게 달릴 수 있어요. 늦은 시간이라 길에 학생들도 없을 테니까요.

윤아는 이제 문방구를 지나 은행나무가 늘어선 인도로 올라섰어요. 10월 중순인데도 은행나무 잎이 꽤 많이 떨어져 있었어요. 윤아는 마치 노란 카펫이 깔린 듯한 그 길을 전속력으로 달리기 시작했어요.

학교 담을 반쯤 지났을 때였어요.

'쭈르르 쭈르르……'

왼발을 내딛는 순간 앞으로 쭉 미끄러지며 엉덩방아를 찧고 말았어요.

"아야! 아파."

윤아는 눈물이 핑 돌았어요. 엉덩이도 아프고 왼쪽 허벅지까지 뻐근했어요. 바닥에 닿기 직전 손으로 바닥을 짚어서 손바닥도 아팠어요.

윤아는 주위를 둘러보았어요. 다행히 지나가는 사람은 보이지 않았어요.

윤아는 그제야 새벽에 비가 와서 길이 미끄러울 거라는 엄마 말씀이 생각났어요.

"아…… 엄마 말씀 좀 들을걸."

윤아는 얼른 손을 털고 일어나려고 했어요. 그런데 이상한 냄새가 솔솔 풍겨 왔어요. 고약한 똥 냄새였어요.

손바닥에 붙은 은행나무 잎들을 털어 냈는데도 똥 냄새는 계속 났어요.

"아, 설마!"

윤아는 주변을 다시 둘러보았어요. 바닥에 깔린 은행나무 잎 사이로 살구색 은행들이 떨어져 있었어요. 이상한 냄새는 은행에서 나는 거였어요.

윤아는 후다닥 몸을 일으켜 엉덩이와 다리를 털었어요.

휴대폰을 보니 벌써 8시 57분이에요.

"3분이면 갈 수 있어. 내일부터는 정말 일찍 준비해야겠다."

윤아는 학교 정문을 향해 빠른 걸음으로 걷기 시작했어요.

걷는 중에도 몇 번 미끄러질 뻔했지만 다행히 넘어지지는 않았어요. 윤아가 은행나무 길을 지나 정문을 통과하는 데는 1분이 걸렸어요.

정문에 들어서서는 운동장을 가로질러 다시 뛰기 시작했어요. 윤아는 드디어 본관 건물에 다다랐어요. 숨이 차올랐지만 쉬지 않고 2층까지 냅다 달렸어요.

드디어 4학년 2반 교실이 보였어요. 윤아는 문 앞에서 호흡을 가다듬고 교실 문을 열었어요. 그 순간 종이 치기 시작했어요.

교실 앞 책상에 앉아 계시던 담임 선생님은 윤아를 보고는 살짝 눈을 흘겼어요.

"오늘 윤아가 아슬아슬했네. 다행히 다음 주 청소 당번은 면했어. 다음 주에는 조금 더 일찍 와야겠다."

담임 선생님의 말씀에 "네!" 하고 크게 대답한 윤아는 자리로 가서 앉았어요.

그런데 갑자기 주변 친구들이 웅성거리기 시작했어요.

"이게 무슨 냄새지?"

친구들의 웅성거리는 소리에 윤아는 팔과 다리를 들어 킁킁 냄

새를 맡았어요.

은행나무 길에서 나던 똥 냄새가 또 났어요.

'아, 망했다.'

한창 냄새를 맡던 친구들의 시선이 윤아에게로 모였어요.

그때 윤아 옆 분단에 있던 소미가 윤아 귀에 대고 조용히 말했어요.

"너 설마…… 수업 끝나고 화장실 가서 옷 갈아입자. 내 체육복 빌려줄게."

그때였어요.

"너 오다가 넘어졌구나? 그 은행나무 길에서 말이야!"

뒤에 앉아 있던 은후가 윤아의 팔에 붙어 있던 은행잎을 떼어 들고 말했어요.

"아팠겠다. 괜찮아?"

은후는 윤아에게 물으며 냄새가 나가도록 조용히 교실 창문을 열었어요.

윤아는 4학년이 된 뒤 처음으로 일찍 일어나야겠다고 마음먹었어요.

은행나무에서 똥 냄새가 나는 까닭은?

가을이면 거리 곳곳이 노란 카펫이 깔린 것처럼 예쁘게 변신해요. 바로 은행잎이 낙엽이 되어 떨어진 것이죠. 하지만 샛노란 길을 한 걸음 딛고 나서 사람들은 곧 후회해요. 은행 열매에서 나는 똥 냄새 때문에요. 향기로운 꽃향기, 싱싱하고 맑은 향기를 풍기는 식물들도 많은데, 도대체 왜 은행나무는 가을마다 똥 냄새를 풍길까요?

 윤아가 들려주는 이야기: 은행으로 사랑을 고백했다고?

사람들은 밸런타인데이와 화이트데이를 초콜릿 제과 회사가 자기 회사의 상품을 많이 팔기 위한 상업적인 목적으로 만든 날이라고 말하곤 해. 그럼에도 여전히 그날을 기념해서 초콜릿과 사탕을 사서 좋아하는 사람들에게 마음을 고백하는 사람들이 많지. 그런데 오래전 우리나라에서도 좋아하는 사람에게 마음을 표현하는 날이 있었다는 사실, 혹시 알고 있어?

바로 '경칩'일이야. 경칩은 24절기 중 하나로 잠자던 동물들이 겨울잠에서 깨어나 봄을 맞이하는 날이야. 음력으로는 2월, 양력으로는 3월 5일경이야. 조선 시대에는 경칩일에 좋아하는 사람에게 마음을 전했어. 바로 은행으로 말이야. 암 은행은 모서리가 둘이고, 수 은행은 모서리가 세 개야. 그래서 음력 1월 15일인 대보름에 은행을 미리 구해 두었다가 경칩일에 좋아하는 여자에게는 수 은행을, 좋아하는 남자에게는 암 은행을 선물해서 서로의 마음을 확인했대! 그런데 왜 은행일까? 은행나무는 암나무와 수나무가 천 년 이상을 서로 마주 보면서 살아간대. 이런 모습을 보고 은행으로 사랑을 고백한 게 아닐까?

은행나무는 언제부터 살았을까?

가로수로 흔히 볼 수 있는 은행나무는 껍질이 검고 굵은 줄기에 긴 가지와 짧은 가지가 붙어 있어요. 긴 가지에는 잎이 보통 한 개씩 나고 짧은 가지에는 여러 개의 잎이 함께 나지요. 은행나무 잎은 부채처럼 생겼는데, 긴 가지에 나는 것은 가운데가 갈라져 있고, 짧은 가지에 나는 것은 갈라지지 않은 잎도 있어요.

은행나무는 암그루와 수그루가 따로 있어요. 암그루에는 암술 없이 밑씨가 2개 달려 있어요. 그중 1개만 성숙하지만요. 수그루는 꼬리처럼 달린 수술이 1~5개 정도 있어요. 수술의 화분은 수염 같은 꼬리를 가지고 있어서 밑씨를 잘 찾아가요.

가을이 되면 잎이 노란색으로 변하며 낙엽이 져요. 낙엽이 지기 전에는 길이 1.5~2cm 정도 되는 은행이 열려요. 은행 안의 중간층은 딱딱한 껍질로 되어 있는데 나무로 자랄 배젖을 보호하기 위해서예요.

은행은 살구와 모양이 비슷하고, 가운데 껍질이 희다고 해서 '은빛 살구'라고도 불려요. 은행나무라는 이름으로 불린 것은 은행나무의 역사에 비하면 얼마 되지 않았어요. 은행나무는 자그마치 약 2억 5천만 년 동안이나 지구에 살았으니까요.

은행나무가 침엽수라고?

사과나 배에는 갈색 밑씨가 씨방 안에 들어 있어요. 이렇게 밑씨가 씨방 안에서 자라는 식물을 속씨식물이라고 해요. 보통 꽃잎과 꽃받침, 암술과 수술이 있어 꽃이 피고, 잎사귀가 넓은 활엽수예요.

솔방울처럼 씨방 없이 밑씨가 겉으로 드러난 식물은 겉씨식물이에요. 겉씨식물은 대부분 잎이 바늘처럼 얇고 긴 침엽수예요. 소나무처럼요.

은행나무는 잎이 넓지만 단 한 종류밖에 없고 나무의 특징이 침엽수에 가까워요. 그래서 보통 침엽수로 분류되지요.

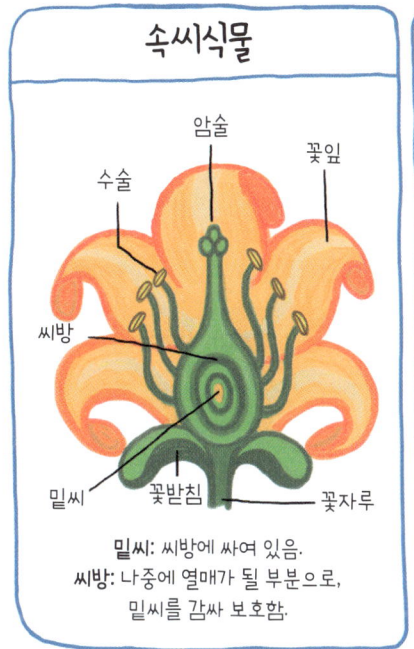 

속씨식물과 겉씨식물

은행나무는 어떻게 은행을 맺을까?

겉씨식물은 암꽃과 수꽃이 따로 펴요. 수꽃에서 나온 꽃가루는 바람에 의해 암꽃의 밑씨에 옮겨붙어요. 밑씨는 씨방이 없어 겉으로 드러나 있지요. 밑씨의 난세포는 꽃가루와 만나 수정돼요. 그러면 씨껍질이 만들어지고 배가

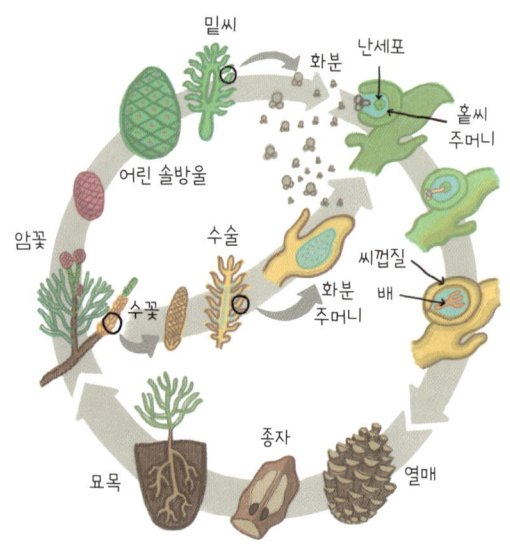

겉씨식물의 수정과 한살이

형성되며 씨앗이 만들어져요. 소나무는 겉씨식물이지만 암꽃과 수꽃이 한 나무에 펴요. 은행나무는 암꽃이 피는 암나무와 수꽃이 피는 수나무로 따로 자라요.

은행나무는 솔방울처럼 단단한 구과*를 맺지 않아요. 말랑말랑한 씨껍질인 과육이 겉으로 드러나고 씨앗이 그 안에서 자라지요. 가을이 되면 주황색 은행이 바닥에 떨어지는데, 시간이 지나면 말랑말랑한 씨껍질은 썩고 딱딱한 가운데 씨껍질이 남아요. 이 단단한 씨껍질 덕분에 은빛 은행이 되지요. 이 단단한 부분을 깨면 그 안에 갈색의 속씨껍질로 감싸진 연한 배젖이 나오는데 그 연두색 배젖이 우리가 먹는 부분이에요. 배젖 안에는 다시 은행나무로 자랄 씨눈이 들어 있어요.

구과?
솔방울과 같은 겉씨식물의 열매를 구과라고 해요. 물고기 비늘 같은 나무 껍질이 뭉쳐 있는 모양이며 익으면 점점 벌어져요. 그 안에는 씨앗이 들어 있지요.

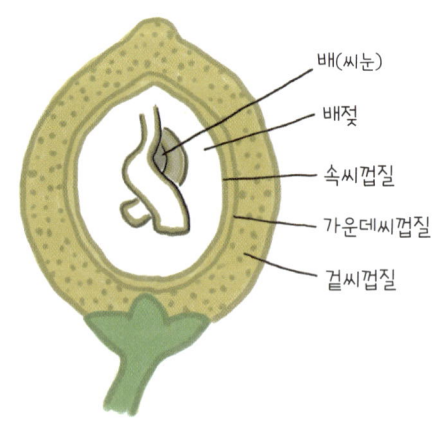

은행나무 씨앗

 씨앗 멀리 퍼뜨리기

식물은 한살이를 잘 살고 씨앗을 만들어 내면 씨앗을 멀리 퍼뜨리려고 해요. 그래야 여러 곳에 뿌리내려 살아갈 수 있기 때문이죠.

단풍나무 씨앗에는 날개가 달려 있어요. 그래서 바람이 불면 멀리 날아가 새로운 흙에 떨어져 다시 자라나요.

민들레도 하나하나의 홀씨에 갓털이 붙어 있어요. 바람이 불면 갓털을 타고 날아가 먼 곳에 자리 잡을 수 있어요.

도깨비바늘은 길쭉한 씨에 가시가 나 있어요. 동물의 털에 잘 달라붙도록 말이에요. 그래서 지나가던 동물의 털에 붙어 멀리까지 이동할 수 있어요.

사과나 감 같은 식물은 씨앗을 맛있는 열매 속에 숨겨요. 열매는 예쁜 색이나 달콤한 향으로 동물을 유혹하지요. 동물들이 맛있는 열매를 먹고 나면 단단한 씨앗은 소화되지 않고 남아 있다가 동물이 똥을 누는 곳에서 싹을 틔우지요. 그렇게 씨앗은 동물이 이동하는 곳으로 어디든 옮겨 갈 수 있어요.

단풍나무 씨앗

민들레 씨앗

도깨비바늘 씨앗

 공룡이 은행의 똥 냄새를 진짜 좋아했을까?

가을만 되면 길에서 나는 똥 냄새의 근원은 바로 '은행'이에요. 은행나무는 겉씨식물이지만, 씨앗이 과육처럼 보이는 씨껍질 안에 들어 있어요. 씨껍질은 독특한 똥 냄새를 풍겨요. 씨껍질에 고약한 냄새를 풍기는 '빌로볼'과 '은행산' 성분이 있기 때문이에요.

그런데 이렇게 고약한 냄새를 풍기는 진짜 이유는 무엇일까요? 일부 과학자들은 어떤 동물이 은행을 먹지 못하게 하기 위해서라고 주장해요. 반면 또 다른 과학자들은 동물들을 유혹하기 위해서라고 주장하지요.

두 번째 주장이 매우 흥미로운데, 지금까지 식물은 씨앗을 퍼뜨리기 위해 동물을 이용했기 때문이지요. 은행나무가 살던 고생대에는 지금처럼 꽃을 피우는 식물이 없었어요. 향기로운 꽃을 보지 못했기 때문일까요? 아마도 은행의 똥 냄새를 좋아하는 동물들이 있었을 거예요. 이런 동물들이 은행을 먹고 돌아다니다가 똥을 누면, 그 자리에 싹이 돋고 은행이 자랐겠지요. 아직 그 동물이 공룡인지, 다른 동물인지는 정확하게 밝혀지지 않았어요.

또 다른 근거는 은행나무가 전 세계적으로 단 한 종만 남은 1급 멸종 위기에 처한 식물이라는 점이에요. 공룡이 살던 시기 여기저기 많던 은행나무가 다 멸종되고 단 한 종류만 남았지요. 야생 은행나무는 현재 중국에 단 두 그루뿐이에요. 중생대에 은행을 좋아하던 동물들이 멸종했으니 은행나무 씨앗을 옮겨 주는 동물은 사람뿐이지요. 그래서 어쩌면 멸종된 공룡 시대 동물이 은행 냄새를 좋아했던 것이라고 생각할 수 있어요.

이 둘 중 어떤 게 맞는지 아직 정확히 알지 못해요. 왜냐하면 야생 은행나무가 많지 않아 연구가 충분히 이루어지지 않았기 때문이에요.

똥 냄새가 나지 않는 은행나무

고약한 냄새는 싫지만 샛노란 카펫 길을 포기할 수 없다면 어떻게 해야 할까요? 씨앗을 만들지 않는 은행나무의 수그루만 심으면 돼요. 수그루라고 사람처럼 수염이 나는 것도 아닌데, 어떻게 구별하냐고요? 2011년 국립 산림 과학원에서 DNA를 분석해 암그루와 수그루를 구분하는 기술을 개발했어요. 수그루는 가로수로 관리하고, 암그루는 열매를 생산하도록 따로 관리하기 위해서지요. 은행나무는 첫 열매를 맺기까지 30년이 걸린다고 하니까 앞으로 조금 더 기다리면 수그루만 있어 똥 냄새가 나지 않는 노란 가을 길을 걸을 수 있을지도 몰라요!

정전 건축의 비밀을 찾아라!

| 시각과 착시 현상 |

"앞에 보이는 건물이 종묘 정전이에요. 조선 시대 역대 왕과 왕후의 신주˚를 모신 곳이지요. 그런데……"

길어지는 설명에 윤주가 지루해질 때쯤 선생님이 미션을 내 주셨어요.

"자, 이제 여기서 아무것도 하지 말고 딱 1분만 저 앞의 정전을 바라보기로 해요. 저기에 힌트가 숨어 있어요."

1분이라는 선생님 말씀에 아이들은 모두 앞에 있는 건물을 바라보기 시작했어요. 검은색 기와지붕을 붉은 나무 기둥이 떠받치고 있

신주 죽은 사람의 이름을 적은 나무패인 위패를 말함.

고, 붉은색 건물은 좌우로 아주 길었어요. 멀리서 보니 기와지붕이 낮게 늘어선 모습이 돌로 된 바닥 면과 나란히 평행선을 이루어 단정하고 위엄 있어 보였어요.

"땡! 1분 끝! 이제 조별로 흩어져 종묘 정전 건축의 비밀을 찾도록 해요. 두 가지 비밀을 먼저 찾은 조가 1등이에요. 1등에게는 특별한 상이 있어요. 제한 시간은 30분, 힌트는 눈, 그리고 조금 전 앞에서 바라본 모습을 기억하세요."

선생님 말씀이 끝나자 아이들은 조별로 모여 정전 앞으로 갔어요. 윤주도 소미와 강희 곁으로 갔어요. 정전은 가까이에서 보니 멀리서 볼 때보다 더 길어 보였어요.

"와, 무척 길다. 멀리서 볼 때는 천장도 낮은 줄 알았는데 가까이서 보니까 꽤 높아."

"길어서 그렇게 보이나 봐. 그런데 여기 무슨 비밀이 있다는 거지?"

"기둥 개수 아닐까? 힌트가 될지도 모르니까 내가 세어 보고 올게."

소미는 오른쪽 끝으로 달려갔어요. 윤주는 처마 안쪽의 푸른 단청을 살펴봤어요. 그러는 동안 강희는 사진 찍기 바빴어요.

"우아, 멋지다. 이쪽 기둥 앞에 서면 사진이 잘 나올 것 같아. 나, 사진 좀 찍어 줘."

"최강희, 넌 비밀 안 찾아?"

"에이, 너희가 잘 찾고 있잖아. 나도 사진 좀 찍고 찾아볼게."

윤주가 할 수 없다는 듯 강희의 휴대폰을 받아 들었어요. 그러자 강희는 기둥 두 개를 배경으로 중간에 서서 양팔을 벌리고 하늘을 바라보며 포즈를 잡았어요.

"야, 지금 포즈 너무 웃겨. 자연스럽게 해."

어느새 기둥 개수를 세러 갔던 소미가 다가와 말했어요.

"여기 조선 시대 왕들의 신주를 모신 곳인 거 알지? 그러다가 사진에 유령도 같이 찍힌다."

윤주가 놀란 토끼 눈이 되어 휴대폰을 얼른 강희에게 건넸지만 강희는 개의치 않고 사진을 확인하며 말했어요.

"유령은 무슨. 기둥 개수에서 힌트라도 찾았어?"

"아니, 특별한 건 모르겠어. 선생님이 정전을 멀리서 본 모습을 기억하라고 했으니까 앞모습과 관련이 있을 것 같은데……."

윤주는 처마를 계속 올려다보며 건물 중앙으로 걸어갔어요. 특별한 것은 없어 보였어요. 한쪽 기둥 아래 서서 위를 쳐다보고, 다시 정전 끝으로 가서 위를 쳐다보았어요.

"얘들아, 여기 좀 이상하지 않아? 아무래도 끝으로 갈수록 기둥이 더 높아지는 것 같아."

윤주의 말에 소미가 끄덕였어요.

"어, 정말 그러네? 여기 가운데가 끝보다 더 낮아 보여. 이상하다. 아까 멀리서 봤을 때는 분명 바닥과 평행선인 것 같았는데……."

"아하! 하나 찾았다!"

소미가 신난 목소리로 윤주에게 말했어요.

"그런가? 아직 찾은 애들은 없지?"

소미가 주변을 둘러보았어요. 다른 아이들도 잘 모르겠다는 분위기였어요.

"얘들아, 이것 봐."

휴대폰 사진을 보고 있던 강희가 말했어요.

"여기 가까이 찍은 사진 좀 봐. 분명 여기 기둥이 곧은 것 같았는데, 사진에서는 기둥이 직선이 아닌 것 같아."

"응? 기둥이 휘어?"

윤주와 소미도 강희의 휴대폰을 들여다봤어요. 사진 속 기둥은 강희의 가슴 높이쯤에서 불룩해졌어요. 강희는 옆에 있는 진짜 기둥을 위아래로 살펴보며 말했어요.

"여기 봐, 진짜야. 기둥이 직선이 아니야."

윤주와 소미도 기둥을 올려다봤어요. 정말이었어요. 돌계단 밑에 서서 아래만 볼 때는 몰랐는데 위를 올려다보니 기둥은 가운데 부분은 불룩하고 위로 갈수록 좁아졌어요.

"이거다! 정전 건축의 비밀! 얘들아, 가자."

윤주의 말에 셋은 눈을 맞추고 선생님께 갔어요.

"선생님, 선생님. 저희가 찾았어요!"

윤주는 다른 친구들이 먼저 정답을 외칠까 봐 얼른 선생님부터 부르고, 달려갔어요.

"기둥하고 지붕이요. 기둥은 가운데가 불룩하고, 지붕은 양쪽 끝으로 갈수록 점점 높아져요. 아까 멀리서 볼 때는 기둥도 곧고, 지붕도 바닥과 평행하게 보였거든요. 맞죠?"

소미의 말이 끝나자 선생님이 호루라기를 불었어요. 그러자 반 아이들이 선생님 주변으로 모였어요.

"여기 윤주, 소미, 강희가 1등이에요! 종묘 정전 건축의 비밀을 찾았어요! 큰 건축물은 멀리서 보면 가로로 평행한 선이 끝으로 갈수록 아래로 처져 보여요. 그리고 긴 기둥은 중간이 가늘어 보이지요. 뭔가 균형이 안 맞아 보이겠죠? 그래서 멀리서 봤을 때도 평행하고 안정감 있게 보이도록 지붕은 끝으로 갈수록 높게 만들고, 기둥은 가운데가 불룩하게 만드는 거예요. 가운데가 불룩한 기둥을 배흘림기둥이라고 해요. 이게 바로 종묘 정전 건축의 비밀이랍니다."

"배가 나와서 배흘림이에요?"

강희의 말에 아이들이 배를 잡고 웃었어요.

"그런데 선생님, 왜 실제와 다르게 보이는 거예요?"

윤주가 묻자 선생님이 웃으며 대답했어요.

"착시 때문이지."

"착시요?"

아이들은 눈을 동그랗게 뜨고 선생님을 쳐다봤어요.

보는 사람에 따라 색이 달라 보이는 원피스가 있다고?

몇 해 전, SNS에 올라온 사진 한 장이 큰 화제가 되었어요. 같은 드레스 사진을 놓고 어떤 사람은 '파란색 바탕에 검은색 레이스', 어떤 사람은 '흰색 바탕에 금색 레이스'로 보인다고 했어요. 한두 명이 아니라 정말 많은 사람의 의견이 둘로 나뉘었죠. 여러분도 인터넷에서 '파검 드레스'라는 키워드를 검색해 드레스가 어떤 색으로 보이는지 확인해 보세요.

그런데 어떻게 하나의 드레스가 전혀 다른 색으로 보일 수 있을까요? 왜 그런지 우리 눈이 정보를 받아들이는 방법에 대해 알아볼까요?

윤주가 들려주는 이야기: 시각의 마술

수리수리 마수리 얍! 내가 지금부터 마술을 하나 보여 줄게. 나를 따라 해 봐. 아래 사진을 보면서 오른쪽 눈을 감고 사진의 빨간 점을 계속 바라보며 앞으로 이동해 봐. 어느 순간 까만 점이 사라질걸? 또 왼쪽 눈을 감고 까만 점을 계속 보면서 앞으로 이동해 봐. 어느 순간 빨간 점이 사라질 거야.

어떻게 점이 갑자기 안 보일까? 마술 쇼를 보면 손에 있던 카드를 없애기도 하고, 사람이 들어가 있는 상자를 분리하기도 해. 마술은 특별한 장치를 쓰기도 하지만 대부분 짧은 순간에 사람들의 시각을 착각에 빠뜨리는 '착시 현상'을 이용하지.

안전을 위해 착시 현상을 이용할 때도 있어. 실제로 어느 대학교에서는 횡단보도를 입체로 그려 놓았어. 운전자가 볼 때 마치 공중에 기둥이 떠 있는 것처럼 보이도록 말이야. 그 결과 실제로 지나는 운전자마다 반사적으로 브레이크를 밟아서 교통사고 발생률이 줄었다고 해.

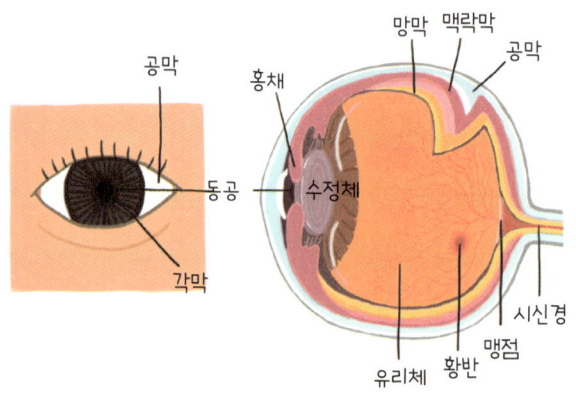

눈의 구조

눈으로 보는 세상

우리는 눈으로 빛이 들어오기 때문에 세상을 볼 수 있어요. 우리 눈은 카메라와 같아요. 카메라의 렌즈 역할을 하는 곳이 눈의 수정체예요. 수정체로 빛이 들어오면 눈 안 뒤쪽 벽에 있는 망막에 모여 물체의 형태를 나타내요. 망막에 시각 세포가 모여 있는 부분을 '황반'이라고 하고, 빛이 물체의 형태를 나타내는 것을 '상을 맺는다'라고 해요. 나무를 보면 나무에 부딪힌 빛이 눈으로 들어와 나무 모양의 상을 맺고, 구름을 보면 구름에 부딪힌 빛이 눈으로 들어와 구름 모양의 상을 맺어요.

나무를 보았어!

망막에 빛이 모이는 황반에는 빛의 자극을 받아들이는 세포가 있어요. 시각 세포라 불리는 이 세포가 빛을 받아들이면 그 신호를 시신경을 통해 뇌로 보내요. 뇌의 시각 피질*에는 시각을 받아들이는 부분이 있어요. 뇌가 이 신호를 받아들여야 내가 무엇을 보았는지 인식할 수 있어요. 눈에서 빛을 받아들여 뇌가 무엇을 보았는지 느끼는 데까지 보통 0.1초 정도가 걸린다고 해요.

망막에서 빛을 받아들이는 시각 세포에는 원추 세포와 간상세포가 있어

시각 피질 대뇌에서 시각에 관여하는 부분.

요. 원추 세포는 원뿔 모양이고, 색상을 구별할 수 있어요. 간상세포는 막대 모양이고, 명암을 구별할 수 있어요.

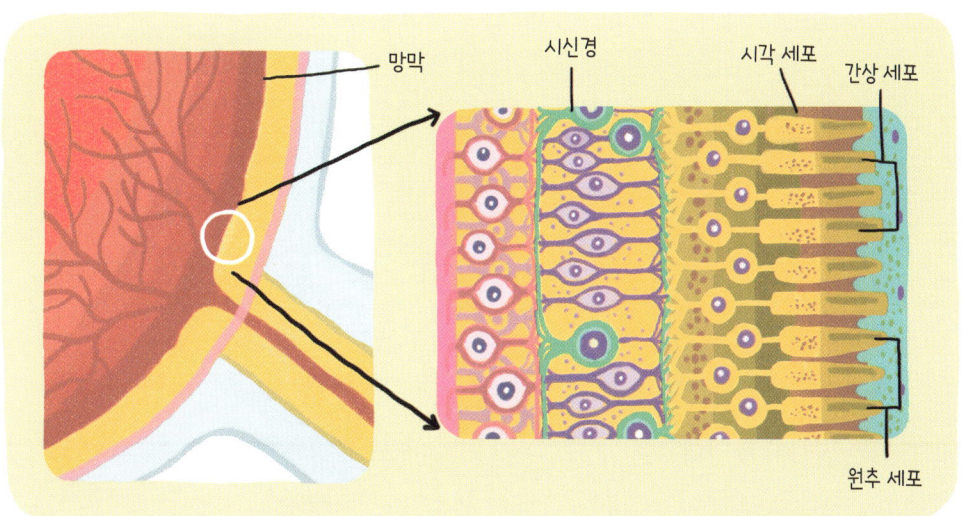

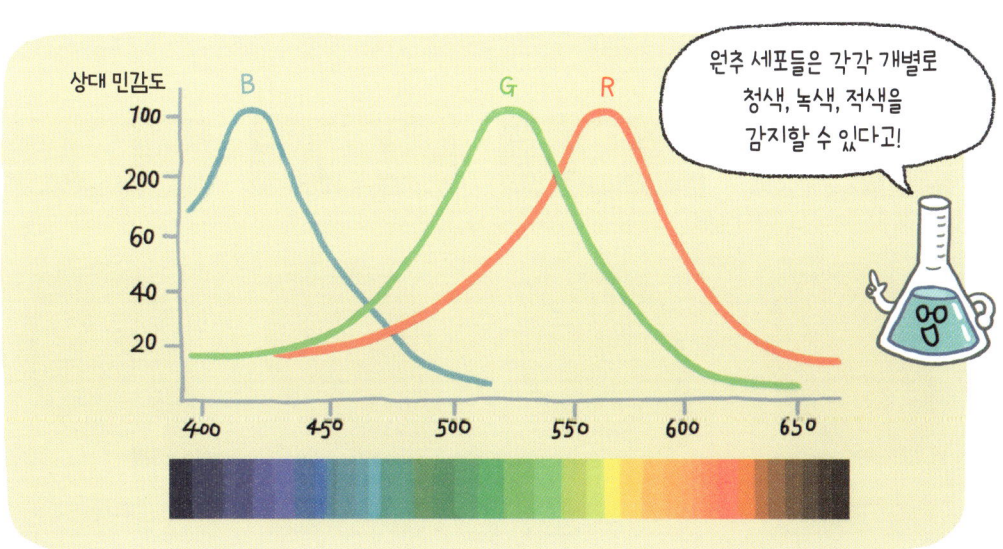

시각 세포가 색상을 구분하는 원리

빨간색, 녹색 구별이 안 된다고?

우리 눈의 망막에 있는 원추 세포는 색상을 구별할 수 있어요. 원추 세포에 이상이 생기면 특정한 색을 잘 구별하지 못하거나 특정한 색을 잘 보지 못해요. 이것을 '색각 이상'이라고 해요. 녹색을 잘 구별하지 못하면 녹색맹, 약하게 구별할 수 있으면 녹색약, 빨간색을 잘 구별하지 못하면 적색맹, 약하게 구별할 수 있으면 적색약이라고 해요. 파란색과 노란색이 섞여 있을 때 색을 구별하지 못하는 것을 청황 색맹이라고 하지요. 또 빨간색과 녹색이 함께 섞여 있을 때 색을 구별하지 못하는 것을 적록 색맹이라고 해요. 모든 색을 완전히 구별하지 못하는 전색맹도 있지만 드물어요. 색각 이상의 원인이 유전인 경우 유전자의 'X' 염색체에 색각 이상이 생기기 때문에, X 염색체를 하나만 가진 남성이 X 염색체를 두 개 가진 여성보다 색각 이상의 비율이 높아요. 하지만 후천적인 사고나 질병으로 색각 이상이 생기기도 해요.

색각 이상의 종류

 어떻게 보이니?

① 아래쪽 선이 더 길어 보이지만, 두 선은 길이가 똑같아요.

② 선과 선이 만나는 곳에 밝은 점이 보이지만, 아무것도 없어요.

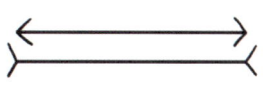

③ 'A' 글자 색이 'B' 글자 색보다 더 짙은 회색으로 보이지만 A와 B는 같은 색이에요.

어떤 사물의 크기, 방향, 각도, 길이 등이 실제 사물과 다르게 보이는 것을 착시 현상이라고 해요. 착시에 의해 가까이 있는 사물이 멀리 있는 것처럼 보이기도 하고 긴 물체가 짧아 보이기도 하지요. 이런 착시 현상은 뇌가 눈을 통해 빛의 정보를 받아들인 다음, 이 정보를 해석하는 과정에서 일어나요. 즉, 눈과 뇌가 함께 작용하기 때문에 일어나는 현상이지요. 뇌는 시각 정보를 해석할 때 모든 정보를 다 받아들이지 않아요. 주변 상황에 따라 정보를 선택적으로 받아들이지요. 그렇기 때문에 착시 현상이 일어나요.

또 뇌가 빛의 정보를 해석하는 과정에서 기억 속에 있는 과거의 경험을 가지고 판단하기 때문에 착시 현상이 일어나기도 해요. 물론, 뇌가 감각을 받아들여 판단하는 데는 아주 짧은 시간이 걸리고 무의식중에 일어나기 때문에 우리는 그 사실을 알지 못해요.

파-검 드레스일까, 흰-금 드레스일까?

앞에서 본 것처럼 분명 같은 드레스인데 보는 사람마다 색이 다르다고 하니 논란이 될 수밖에요. 그것도 전혀 비슷하지 않은 파란색-검은색과 흰색-금색으로 말이지요. 사진 편집 프로그램인 포토샵을 만든 어도비사에서는 이 드레스가 흰-금 드레스라고 주장했어요. 여러 과학자들도 관심을 가지고 각자 의견을 냈지요.

한편에서는 우리 뇌가 파란빛을 잘 구분하지 못하기 때문에 파란색이 흰색으로 보이는 것이라고 했고, 또 다른 편에서는 사진을 볼 때 주변 밝기에 따라 보이는 색이 달라진다고 했어요. 밝은 곳에서는 흰-금 드레스로, 어두운 곳에서는 파-검 드레스로 보인다는 거예요. 또 우리 뇌가 조명이 달라져도 사물의 색을 항상 일정하게 보정하기 때문이라고 주장하는 이들도 있었지요.* 마치 사진이 잘 나오도록 주변 명암을 조절하는 것처럼 말이지요. 우리 뇌가 햇빛 아래에서 사진을 본다고 판단해서 햇빛의 효과를 보정한다는 거예요. 뇌가 햇빛에 많은 파란색 계통을 줄여서 흰색으로 느끼게 한 것이지요.

> **색 항상성?**
> 조명의 종류나 조건이 달라도 눈에 보이는 물체의 색이 모두 같다고 인지하는 이러한 성질을 색 항상성이라고 해요.

똑같은 드레스가 다르게 보인다는 것은 참 신기해요. 이 드레스의 진짜 색은 무엇일까요? 이 드레스를 만든 영국의 로만 오리지널(Roman Originals)에서는 파-검 드레스가 맞다고 밝혔어요. 그런데 70%의 사람들이 흰-금 드레스로 보았다니 놀라운 일이지요. 논란의 주인공이 된 파-검 드레스는 하나도 남김없이 팔렸고 이후 흰-금 드레스를 따로 제작해 자선 경매까지 했다고 하니, 얼마나 뜨거운 논쟁이었는지 짐작이 가지요?

우리가 눈으로 보는 것이 실제 정보 그대로가 아니라 착시이고, 뇌의 보정에 의한 것이라는 사실을 알게 되었어요. 정말 놀랍지 않나요?

플라스틱으로 만든 양털가오

| 플라스틱의 진실 |

"지은아, 이 옷 어때?"

"이 옷은 색깔이 별로……."

"그러면 이 점퍼는 어때? 색깔도 예쁘고 뽀글뽀글한 양털이 따뜻해 보이잖아."

"그것도 별로예요."

"지은아, 너 오늘 무슨 일 있어? 다 마음에 안 들어?"

이모가 걱정스럽게 지은이를 살피며 물었어요.

지은이는 거울에 비친 새 옷을 입은 자기 모습보다 이모의 코트가 자꾸 눈에 들어왔어요. 온통 털로 뒤덮인 밍크코트 말이에요.

지은이는 오늘을 얼마나 기다렸는지 몰라요. 이모가 생일 선물로 겨울옷을 사 준다고 했거든요.

그런데 쇼핑몰 앞에서 환하게 지은이를 부르는 이모는 윤기가 자르르 흐르는 밍크코트를 입고 있었어요. 고양이와 함께 사는 이모가 밍크의 털가죽으로 만든 코트를 입을 줄은 몰랐는데……

지은이는 얼마 전 TV에서 밍크 공장을 취재한 뉴스를 봤어요. 밍크코트를 만들기 위해 가스실에서 죽어 가던 밍크의 모습은 정말 끔찍했어요. 뉴스에서는 코트 한 벌에 적어도 대여섯 마리의 밍크가 희생된다고 말했어요. 그날 밤 지은이는 불쌍한 동물들이 생각나서 한참을 울었어요. 그리고 나서 동물을 학대해서 만든 옷을 절대 입지 않겠다고 결심했어요. 그런데 지은이가 가장 사랑하는 이모가 밍크코트를 입고 나오다니, 정말 실망스러웠어요.

"지은아, 우리 시원한 것 좀 먹고 쇼핑할까?"

이모는 지은이가 아무 대답이 없자 지은이의 팔짱을 끼고 근처에 있는 카페로 이끌었어요. 마지못해 이모를 따라간 지은이는 시원한 딸기주스를 마시고 나니 기분이 조금 나아졌어요. 그래서 이모에게 직접 물어보았어요.

"이모, 밍크코트 새로 샀어요?"

이모는 밝은 윤기 나는 베이지색의 털을 문지르며 말했어요.

"이거 밍크코트 아닌데, 그렇게 보여?"

"네? 밍크코트가 아니라고요?"

지은이의 눈이 동그랗게 커졌어요.

"응, 이건 인조 모피야."

"인조 모피요?"

"모피 코트는 동물을 학대하거나 죽게 해서 만든 거잖아. 인조 모피는 동물의 털이 아니라 합성 섬유로 만든 옷이야."

지은이는 이모를 오해한 것이 미안했어요. 그런 것도 모르고 만나서부터 내내 뾰로통했으니까요.

"나는 이모가 밍크코트를 입은 줄 알고 실망할 뻔했어요. 뉴스에서 모피를 만들려고 동물들을 어떻게 죽이는지 봤거든요. 어휴, 다행이다. 이모, 우리 이제 옷 사러 가요!"

지은이는 남은 딸기주스를 한 번에 다 마시고 일어섰어요. 갑자기 달라진 지은이의 태도에 이모는 조금 놀랐지만 곧 일어나서 지은이의 머리를 쓰다듬으며 말했어요.

"동물 보호에도 관심을 갖는 걸 보니까 우리 지은이 다 컸네. 어서 옷 보러 가자."

이모와 다시 옷 가게로 들어간 지은이는 뽀글뽀글 양털 옷을 가리켰어요. 사실 아까 본 옷이 지은이의 마음에 쏙 들었거든요. 그런데 한 가지 마음에 걸리는 게 있었어요. 바로 '양털'이요.

"이모, 이 옷도 양털로 만든 거겠죠?"

지은이의 말을 들은 매장 직원이 다가와 말했어요.

"손님, 양털 찾으시나요? 그런데, 어쩌죠? 저희는 동물 털로 만든 옷은 판매하지 않아요. 이 옷은 인조 양털로 만들었어요."

"인조 양털이요?"

"네, 폴리에스테르라는 합성 섬유를 양털처럼 만든 거예요. 페트병 아시죠? 이 옷은 페트병을 재활용해서 만들었어요."

지은이의 질문에 매장 직원은 친절하게 설명했어요.

"이모, 페트병이라면 플라스틱 아니에요?"

"응, 플라스틱이지. 플라스틱도 여러 종류가 있거든."

"네? 어떻게 플라스틱으로 옷을 만들어요?"

"플라스틱의 가장 큰 특징은 모양을 마음대로 만들 수 있다는 거야. 나일론처럼 가느다랗게 뽑아 스타킹을 만들기도 하고, 폴리에스테르로 페트병을 만들기도 하고, 또 폴리에틸렌이란 플라스틱으로는 비닐봉지를 만들 수 있지."

"그럼 이 뽀글이 양털, 페트병, 저기 보이는 장난감 블록이 모두 플라스틱이라고요?"

깜짝 놀란 지은이의 질문에 이모는 웃으며 대답해 주었어요.

"응, 플라스틱은 원하는 모양을 자유자재로 만들 수 있어. 양털처럼 뽀글뽀글하게 가공할 수도 있고 비단처럼 아주 가느다란 실로 뽑을 수도 있지."

"신기해요, 이모."

"게다가 그 플라스틱들은 석유에서 뽑아낸 물질로 만든 거야."

"우아, 석유요? 그 시커먼 석유 말이에요?"

"응, 그 석유. 지은아, 그만 놀라고 거울 앞에 좀 서 봐."

지은이는 뽀글뽀글 양털 재킷을 입고 거울 앞에 섰어요. 재킷이 엄마 품처럼 따뜻해서 마음에 들었어요. 그리고 석유가 주원료인 플라스틱으로 만든 옷을 입고 있다는 것이 신기했어요. 지은이는 과학 시간에 선생님께서 석유는 공룡이 살던 시대에 만들어졌다고 말씀하셨던 것이 떠올라 킥킥 웃으며 이모에게 말했어요.

"이모, 플라스틱으로 만든 옷 저한테 잘 어울려요? 이거 입으니까 중생대 공룡 시대에 온 것 같아요."

지은이의 말에 이모는 크게 웃음을 터뜨렸어요.

내 옷이 공룡 시대에서 왔다고?

필통, 자, 가위 손잡이, 테이프, 의자, 블루투스 스피커, 음료수병, 그릇, 훌라후프, 레고, 쓰레기봉투, 가전제품, 스타킹 등은 우리 실생활에서 흔히 볼 수 있는 물건이지요. 모양이나 색깔이 제각기 다르지만 모두 플라스틱으로 만들어요. 플라스틱은 어떤 성질 때문에 이렇게 다양한 물건을 만드는 데 쓰일까요?

 지은이가 들려주는 이야기: 코끼리를 살린 플라스틱

코끼리를 살린 플라스틱 얘기 들어 봤어? 19세기 후반, 미국에서는 당구가 폭발적으로 인기를 끌었어. 파란 테이블 위에서 단단하고 매끈한 공을 막대로 치면서 즐기는 스포츠 말이야. 그런데 당구의 인기가 높아질수록 코끼리의 수는 점점 줄었어. 당구공을 코끼리 상아를 깎아서 만들었거든. 당구공 1개를 깎는 데 자그마치 코끼리 상아 50개가 필요했다고 하니 얼마나 많은 코끼리들이 사냥꾼들에게 죽어 갔는지 몰라. 결국 점점 코끼리 수가 줄고 상아 값이 치솟자 당구대 제작 회사를 운영하던 한 사람은 상아를 대체할 수 있는 재료를 발명하는 사람에게 1만 달러의 상금을 주겠다고 했지.

발명가 존 웨슬리 하이엇은 이 상금을 타기로 결심했어. 그는 나무의 섬유에서 뽑은 물질로 상아를 대신할 재료를 만들고 '셀룰로이드'라고 했어. 이 물질을 나무로 만든 공에 발라 말렸더니 마치 상아로 만든 당구공 같아 보였어. 바로 최초의 플라스틱이 탄생한 거야. 그 이후로 당구공을 만들 때 더는 상아를 쓰지 않아도 되었다니 다행이지? 당구공 때문에 코끼리가 죽는 일은 없어졌으니까. 그런데 하이엇은 상금을 타지는 못했대. 하이엇이 만든 셀룰로이드는 폭발하는 성질이 있어서 당구공이 부딪칠 때마다 총소리를 내면서 폭발했거든!

 **플라스틱이 궁금해!**

플라스틱은 열이나 압력을 가해서 모양을 바꿀 수 있는 금속이 아닌 물질을 말해요. 쉽게 원하는 모양으로 가공할 수 있다는 뜻을 가진 그리스어 'plastikos(플라스티코스)'에서 따온 이름이지요. 플라스틱은 만드는 법도 쉽고, 어떠한 형태로도 변형할 수 있고, 값도 싸기 때문에 활용할 수 있는 곳이 정말 다양해요.

당구공으로 개발되었던 '셀룰로이드'로는 단추, 만년필 등을 만들었어요. 또 합성 물질로만 만든 '베이클라이트'를 시작으로 더욱 다양한 플라스틱이 개발되었어요. 특히 '폴리에틸렌'은 비닐봉지, 음료수병, 전선을 감싸는 재료 등 거의 모든 곳에 쓰이면서 진정한 플라스틱의 시대를 열었어요. 이렇게 플라스틱은 합성 물질로 만들어지면서 열에 강하고, 더 단단하고, 탄성 있는 성질을 갖게 되었지요.

강철보다 강한 플라스틱으로 자동차를 만들고, 유리처럼 투명한 플라스틱으로 건물을 짓지요. 심지어 전기가 통하는 플라스틱도 개발되었어요. 또 인공 피부나 인공 연골 같은 신체 조직도 만들어요.

플라스틱은 종류가 다양하지만 크게 두 가지로 나눌 수 있어요. 열을 가해 녹여서 새로운 제품을 만들 수 있는 열가소성 플라스틱과 한 번 열을 가해 모양을 만들면 다시 녹지 않는 열경화성 플라스틱이에요. 열가소성 플라스틱에는 폴리에틸렌, 폴리프로필렌, 폴리염화비닐(PVC), PETE 등이 있고, 열경화성 플라스틱에는 에폭시 수지, 폴리우레탄 수지, 멜라민 수지 등이 있어요.

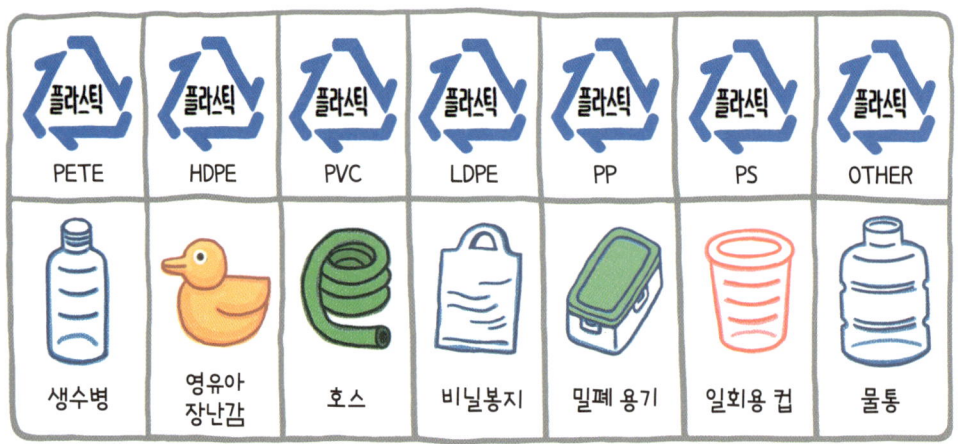

실생활에서 볼 수 있는 플라스틱

🔍 석유로 옷을 만드는 합성 섬유

합성 섬유는 플라스틱으로 만든 섬유를 말해요. 대표적인 합성 섬유에는 '나일론'과 '폴리에스테르'가 있어요.

나일론은 미국의 듀폰사에서 개발한 합성 섬유예요. 면직물이나 모직물만 입었던 사람들에게 '강철처럼 강하고 거미줄보다 가느다란 기적의 실'이라고 불릴 만큼 획기적이었어요.

나일론으로 만든 스타킹을 처음 판매하던 날, 많은 사람들이 스타킹을 사기 위해 줄을 서는 진풍경이 벌어졌어요. 첫날에만 80만 켤레의 스타킹이 팔렸다니, 정말 대단한 일이었죠.

제2차 세계 대전이 일어나자 나일론은 스타킹 대신 군복과 낙하산, 비행기 연료 탱크, 구두끈 등 전쟁 용품으로도 사용되었어요. 그만큼 가볍고 질겼으니까요. 물론 지금도 옷이나 바이올린 줄, 테니스 라켓 줄, 운동 기구뿐 아니라 비행기 타이어, 낙하산, 여행용 가방과 우주복 등 상상할 수 없을 만큼 많은 곳에 쓰여요.

나일론이 비단처럼 부드럽고 질기다면, 폴리에스테르는 양모와 성질이 비슷해서 포근하고 따뜻해요. 폴리에스테르는 나일론 다음으로 강하고, 물을 잘 흡수하지 않고 건조가 빨라요. 또 늘어짐이 거의 없어요. 옷 상표에 '폴리에스테르 50%, 양모 50%'라고 쓰여 있는 것을 본 적 있지요? 폴리에스테르와 천연 섬유를 섞어 만든 옷이라는 뜻이에요.

폴리에스테르는 옷뿐만 아니라 플라스틱병, 필름, 필터 등을 만드는 데 사용하기도 하고 전자 기기의 디스플레이에도 사용하고 있어요.

디스플레이 데이터를 시각적으로 화면에 출력하는 장치.

플라스틱은 무엇으로 만들까?

플라스틱을 만들려면 석유가 필요해요. 몇몇 성분은 자연에서 그대로 가져오지만 대부분 석유에서 뽑아내요. 깊은 땅속에 묻힌 원유를 석유로 쓰기 위해 정제할 때 여러 가지 원료를 추출할 수 있어요. 이 중 몇 가지 가벼운 원료를 합성하고 그 원료를 길게 연결해 플라스틱을 만들어요.

플라스틱은 주로 탄소, 수소, 산소로 이루어져 있어서 가벼워요.

석유가 사라진다면 어떻게 될까?

석유가 어떻게 만들어졌는지 아직 정확하게 밝혀지지는 않았어요. 다만 중생대의 백악기와 쥐라기에 동물이나 식물이 땅속에 급속히 파묻힌 뒤, 높은 열과 압력을 받아 만들어졌을 거라고 추측해요. 그래서 화석* 연료라고 부르지요. 석유는 특별한 지질 구조에서 만들어지기 때문에 어디에서나 나는 것은 아니에요. 또 전 세계에 묻힌 석유의 양도 한정되어 있지요. 안타깝게도 우리나라에서는 석유가 나지 않아요.

석유는 다양한 곳에 사용돼요. 자동차나 선박, 항공기를 비롯하여 가정이나 공장에서도 연료로 쓰고 있어요. 또 화력 발전소에서는 석유를 태워 전기를 만들어요. 그 밖에 플라스틱, 합성 섬유, 합성 고무, 합성 세제, 의약품 등을 만드는 데 쓰이지요.

문제는 앞으로 쓸 수 있는 석유의 양이 한정되어 있다는 사실이에요. 교통

화석 생존하던 동식물의 유해와 활동 흔적이 땅에 묻히거나 지상에 그대로 보존되어 남아 있는 것을 통틀어 이르는 말.

과 기술의 발달로 연료와 전기 사용이 늘어 이렇게 석유를 계속 사용하다가는 수십 년 내에 고갈될 거예요. 그에 대비해 화석 연료를 대체할 에너지를 연구하고 있지요. 지금도 원자력 에너지나 태양 에너지 등 대체 에너지가 있지만, 아직까지는 화석 연료를 가장 많이 사용해요.

석유의 활용

합성 섬유가 좋은 섬유일까?

플라스틱이 분명 우리 삶을 이롭게 하는 건 맞지만, 한편으로는 환경을 오염시켜요. 플라스틱은 땅에 묻어도 썩지 않고 계속 지구에 남아 있기 때문이지요. 더 심각한 문제는 플라스틱이 잘게 부서져 만들어진 미세 플라스틱이 강이나 바다, 공기를 오염시킨다는 점이에요. 미세 플라스틱은 눈에 잘 보

이지 않을 만큼 아주 작은 5mm 이하의 플라스틱을 말해요. 특히 합성 섬유를 세탁할 때 옷에서 나오는 미세 플라스틱이 물에 섞여 하천이나 바다로 흘러 들어가 환경을 오염시키지요. 또 바다 생물의 먹이 사슬을 따라 이동하고 결국 사람에게까지 영향을 미칠 수 있어요. 그래서 과학자들은 자연에서 분해되는 친환경 플라스틱을 개발하고 있어요. 이에 발맞추어 우리도 지구를 위해 일회용품 사용을 줄이고 플라스틱을 재활용할 수 있도록 분리수거를 잘 해야 돼요. 페트병 같은 폐플라스틱으로 옷이나 가방을 만들거나 면직물, 마직물 같은 식물 소재의 옷감으로 만든 옷을 입는 것도 지구를 위하는 일이지요.

하하, 호호!

| 웃음의 비밀 |

"이소미, 자갈로 이루어진 암석이 뭐죠?"

소미는 선생님의 갑작스러운 질문에 당황했어요. 다행히 지난 시간에 배운 내용이 떠올랐어요.

"네? 자갈과 돌이요? 음…… 역암이요?"

"그래요, 역암이에요. 수업에 집중하세요."

소미는 선생님을 보고 배시시 웃었어요. 수업 시간에 떠들다가 선생님께 지적받는 일이 재미있는 상황은 아니었지만, 작은 일에도 잘 웃는 소미는 부끄럽거나 민망할 때도 그냥 웃었어요.

소미는 교과서로 시선을 돌렸지만 조금 전 강희가 소미의 책상 위로 내밀었던 쪽지가 계속 생각났어요. 쪽지에는 초성 한 줄이 써 있었어요. 강희가 누군가에게 받았다면서 무슨 뜻인지 소미에게 물어 왔어요. 초성의 마지막 글자는 'ㅁㄴㅈ'이었어요. 분명 '만나자'인 것 같은데 앞의 초성은 아무리 생각해도 잘 모르겠어요.

도대체 누가 강희에게 초성으로 비밀 쪽지를 보내 만나자고 했을까요? 소미는 지난주에 5반 나연이가 강희에 대해 물었던 것이 생각났어요. 혹시 나연이가 강희에게 관심이 있는 것인지 소미는 궁금해서 못 견딜 것 같았어요. 소미는 강희를 다시 불렀어요.

"강희야, 그 쪽지 다시 한번 보자."

"김강희, 이소미! 선생님이 수업 시간에 떠들지 말라고 했지요?"

소미와 강희는 선생님의 무서운 목소리에 깜짝 놀라 아무 말도 못 하고 얼어붙었어요. 소미네 반 담임 선생님은 4학년 통틀어 제일 무서운 분이었어요. 선생님이 야단치는 소리는 어찌나 큰지 다른 층 아이들도 조용해질 정도였어요. 예상대로 선생님은 호랑이 같은 목소리로 소미와 강희를 야단쳤어요.

소미는 선생님이 한마디 할 때마다 조금씩 바닥으로 가라앉는 것 같았어요. 선생님의 호통이 끝나자 쥐죽은 듯 교실이 조용해졌어요.

'뽕~'

조용한 교실에 갑자기 작은 소리가 들렸어요. 하지만 교실이 무거운 분위기였기 때문에 소미는 무슨 소리인지 신경 쓸 겨를이 없었어요. 그런데 그 소리가 또 났어요.

'뽕~'

소미는 이제 그 소리의 정체가 무엇인지 알 것 같았지만 애써 모른 척했어요. 소미 때문에 교실 분위기가 남극 한복판처럼 냉랭해졌기 때문이지요.

'뽕뽕~'

소리가 또 나자 교실 안 누군가가 '킥' 소리를 내며 웃었어요.

"킥킥."

소미는 이제 그 소리가 방귀 소리라는 것을 인정할 수밖에 없었어요. 소미는 허벅지를 꽉 붙잡았어요. 평소에 웃음이 많아서 작은 일에도 깔깔 웃었지만 오늘은 그러면 안 될 것 같았어요. 소미의 허벅지가 부들부들 떨리기 시작했어요. 숨도 참아 보았지만 어깨가 들썩이며 긴 머리카락이 흔들렸어요. 이 정도면 비상사태였어요. 소미는 어쩔 수 없이 가장 슬픈 일을 떠올렸어요. 동생과 싸우고 아빠에게 큰소리로 야단맞은 날이 생각났어요. 그제야 마음이 진정되는 것 같았어요. 그런데 지금까지보다 더 크고 길게 소리가 났어요.

'뽀오오오오오옹~'

가느다랗지만 맑고 청아한 소리는 확실하게 '뽕'이었어요. 소미의 온몸이 들썩이기 시작했어요. 웃음 폭탄이 배 속에서 만들어져 위와 목구멍을 지나 턱밑까지 올라온 게 느껴졌어요. 이대로라면 곧 폭발이에요. 소미는 눈을 꼭 감아 버렸어요. 그때 선생님의 커다란 웃음소리가 들려왔어요.

"하하하, 진짜 못 참겠다. 애들아, 웃어. 웃어도 돼. 하하하. 도대체 누가 이렇게 예쁘게 방귀를 뀌는 거야? 하하하."

소미는 갑자기 일어난 사태에 놀라서 웃음 폭탄이 목 근처에서 멈추었지만 잠시 뒤 누구랄 것도 없이 반 친구 모두가 웃기 시작했어요. 선생님은 교탁을 짚으며 웃었고, 강희랑 앞에 앉은 진욱이도 웃었어요. 그제야 소미도 마음껏 웃음 폭탄을 터뜨렸어요.

'뽕뽕~'

마무리 짓는 방귀 소리에 아이들은 더 크게 웃기 시작했어요. 때 아닌 방귀 소동에 반 전체가 떠나갈 듯 웃음소리가 커지자 결국 옆 반 선생님이 달려왔어요.

소미네 반 친구들은 헐레벌떡 달려오신 옆 반 선생님을 보고 더 크게 웃기 시작했어요. 수업이 끝날 때까지 선생님과 소미네 반 친구들은 한참을 더 웃었어요. 그렇게 웃고 난 친구들은 모두 배를 움켜쥐고 똑같은 말을 했어요.

"아이고, 배야. 너무 웃었더니 배 아파 죽겠다."

너무 웃으면 왜 배가 아플까?

재미있는 이야기를 듣거나 웃긴 상황에서 크게 웃음이 터져 본 적 있나요? 입을 크게 벌리고 하하, 호호, 까르르 크게 웃다 보면 눈물이 찔끔 날 때도 있고, 너무 많이 웃어서 배가 아플 때도 있어요. 그런데 많이 웃으면 왜 배가 아픈 걸까요?

 소미가 들려주는 이야기: 웃음은 왜 전염될까?

"하하! 히히! 킥킥!" 누군가 큰 소리를 내며 활짝 웃기 시작하면 주변 사람들이 따라서 웃고, 결국은 웃음바다가 된 경험이 있을 거야. 처음 웃기 시작한 사람이 왜 웃었는지도 모르면서 말이야. 그래서 사람들은 웃음이 전염된다고 해. 웃음은 어떻게 전염될까? 학자들은 웃음이 전염되는 건 '거울 뉴런' 때문이라고 말해. 거울 뉴런은 사람과 영장류의 뇌에 있는 신경 세포인데, 마치 거울처럼 다른 사람의 행동이나 표정을 모방할 때 이 부분이 활성화된다고 해서 거울 뉴런이라는 이름이 붙여졌어. 이 거울 뉴런 덕분에 사람들이 다른 사람의 감정을 이해하고, 공감하고, 모방할 수 있어. 그러면서 인류가 문명을 이루고 문화를 발달시킬 수 있었던 거지. 그런데 거울 뉴런은 부정적 감정보다 즐거움 같은 긍정적 감정에서, 소리가 더 클수록 활성화된다는 연구 결과도 있어. 웃음은 긍정적인 감정이기 때문에 쉽게 전염되어 주변 사람들도 즐겁고 긍정적인 마음을 함께 느낄 수 있다는 거야. 어때, 신기하지?

왜 웃음이 날까?

웃음은 어떤 자극으로 인해 생겨난 즐거움, 기쁨, 행복 등의 감정을 신체적으로 표현하는 것을 말해요. 입을 벌리고 '하하하' 소리 내어 웃는 것처럼 말이지요. 웃을 때는 안면 근육이 동시에 수축하고, 횡격막도 짧고 격렬한 수축을 일으키지요. 웃음은 간지럼 같은 신체적 자극에 의해 생리적인 반응으로 나타나기도 하지만, 일반적으로 상대방과 대화하며 정서적·심리적으로 교류할 때 그에 대한 반응으로 나타나요. 그래서 웃음은 사회적인 관계를 만들기도 해요. 웃음을 통해 상대방을 이해하고, 어려움을 해결해 나가면서 사람들 사이의 관계가 돈독해지지요.

웃음에는 소리를 내지 않고 빙긋이 웃는 미소, 어이가 없거나 마지못해 짓는 웃음인 고소, 입을 크게 벌리고 웃거나 떠들썩하게 웃는 홍소, 쌀쌀한 태도로 비웃는 냉소, 흉을 보듯 빈정거리거나 업신여기며 웃는 조소 등이 있어요.

움직여라, 근육

근육은 근육 세포로 이루어진 조직이에요. 뼈를 보호하고 몸이 움직일 수 있게 해 주지요. 근육 조직은 크게 골격근, 내장근, 심장근이 있어요. 골격근은 뼈에 붙어서 뼈를 움직이게 하거나 운동을 할 수 있도록 해요. 내장근은 소화 기관이나 혈관 벽 같은 곳을 이루고 있어요. 심장근은 오직 심장에만 있어서 심장 박동을 할 수 있도록 해요.

보통 팔을 펴면 팔 안쪽 근육이 펴지고, 팔을 굽히면 팔 안쪽 근육이 오므라들어요. 또 골격근처럼 우리 의지대로 움직일 수 있는 근육도 있지만 내장근이나 심장근같이 우리 의지대로 움직이지 못하는 근육도 있어요. 심장을 내 마음대로 뛰거나 멈추게 할 수 없는 것처럼 말이지요.

웃으면 배가 아픈 이유

기쁘거나 행복하면 우리는 입꼬리를 올려 미소 짓거나 입을 벌려 '하하, 호호' 하고 웃어요. 또 정말 재미있거나 누가 간지럼을 태우면 배를 잡고 한참을 웃어요.

우리는 대뇌 아랫부분, 귀 위쪽에 있는 '변연계'라는 부위를 통해 감정을 느껴요. 웃음도 여러 부분이 함께 작용하지만 주로 이 부분의 역할이 커요. 우리가 재미있는 이야기를 들으면 이 부분이 자극되고 대뇌에서 신경을 통해 웃으라고 명령을 내리면 근육은 '웃음'을 표현해요.

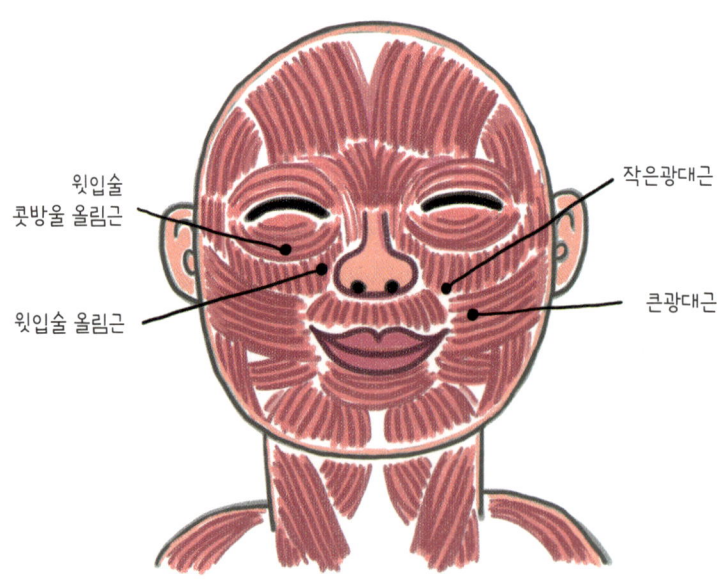

웃을 때 움직이는 근육

얼굴에 있는 40여 개의 근육은 음식을 먹고 씹을 때 또는 얼굴 표정을 지을 때 사용해요. 미소를 지을 때 윗입술을 올려 주거나 입꼬리를 올려 주고, 입을 벌려 크게 웃을 수 있도록 해 주지요. 웃을 때 더 많은 표정을 짓는 사람과 아닌 사람이 있는 것처럼 사람마다 쓰는 근육은 다르지만, 약 15~40여 개의 근육이 움직여요.

그런데 정말 재미있어서 배꼽을 잡고 웃으면 얼굴뿐 아니라 내장 기관을 보호하는 횡격막과 배 앞쪽에 있는 근육인 복직근까지 움직여요. 횡격막과 복직근이 경련이 일어나듯 갑자기 심하게 수축하기 때문에 근육이 아파서 배가 아프다고 하는 거지요. 달리기나 윗몸 일으키기 같은 운동을 갑자기 많이 하면 종아리 근육이나 복근이 아픈 것처럼 말이에요. 결국 우리가 많이 웃어서 배가 아픈 것은 근육 통증 때문이라고 할 수 있어요. 그런데 생각해 보세요, 얼마나 재미있으면 복근이 아플 정도로 웃을까요?

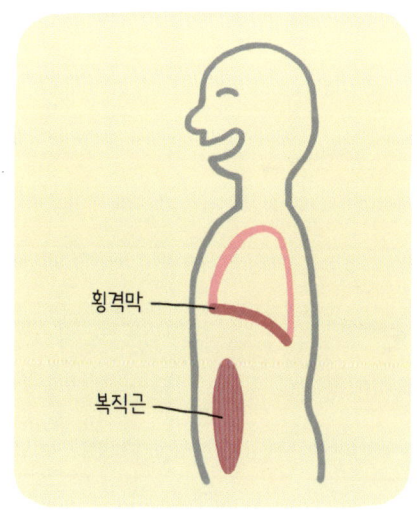

횡격막과 복직근

웃는 표정이 다른 이유

우리가 짓는 표정은 얼굴 피부밑 근육이 수축하면서 만들어져요. 사람은 이런 근육이 주로 얼굴에 발달해 있고, 목과 손바닥에 하나 정도밖에 없어요. 우리는 이 근육의 수축으로 기쁨, 슬픔, 분노, 공포, 놀라움 등 여러 가지 감정을 나타낼 수 있지요.

사람이 웃을 때 짓는 얼굴 표정은 크게 3가지로 나눌 수 있어요. 첫 번째는 입꼬리가 위와 옆으로 당겨지는 웃음이에요. 마치 모나리자처럼 말이죠. 두 번째는 윗입술이 두드러지게 위로 올라가는 웃음이에요. 강아지처럼 말이죠. 세 번째는 치아의 위아랫니, 잇몸이 모두 보이게 웃는 웃음이에요.

우리나라 사람의 경우 첫 번째 모나리자 유형이 가장 많아요. 웃음을 관장하는 근육들이 교차하는 부분인 볼굴대의 위치가 낮기 때문이에요. 서양 사람의 경우 볼굴대의 위치가 높아서 윗입술이 두드러지게 올라가는 경우가 많지요.

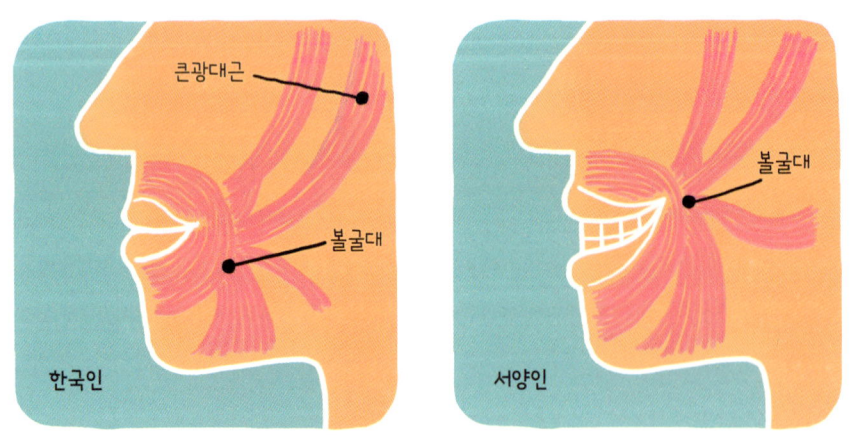

한국인과 서양인의 웃는 모습 비교

이처럼 웃을 때 사람마다 근육의 크기나 위치, 모양이 다르기 때문에 웃는 표정이 달라지는 거랍니다.

진짜 웃음, 뒤셴 미소

여러분은 혹시 가짜 웃음과 진짜 웃음에 대해 들어 본 적 있나요? 19세기 프랑스의 신경 심리학자인 기욤 뒤셴은 진짜 미소를 지을 때 사용하는 얼굴 근육이 따로 있다고 밝혔어요. 후에 미국의 심리학자 폴 에크만이 기욤 뒤셴의 이름을 따 진짜 미소를 '뒤셴 미소'라고 이름 지었지요.

폴 에크만은 얼굴 근육 42개로 지을 수 있는 19가지의 미소 중 단 하나만 진짜 웃음이라고 했어요. 그렇다면 어떻게 진짜 웃음을 가려낼까요? 뒤셴 미소는 웃을 때 입술이 위로 당겨지고, 두 눈이 약간 안쪽으로 모아지면서 눈가에 주름이 나타나고, 두 뺨의 광대가 올라가면서 눈 가장자리 근육인 안륜근(눈둘레근)이 모아지는 웃음이에요.

그런데 이 안륜근은 움직이기 매우 어려운 근육이기 때문에 안륜근을 움직여 지은 미소는 기쁨과 행복을 나타내는 '진짜 미소'라고 한 거지요.

웃으면 행복해지는 이유

활짝 자주 웃는 사람들이 행복을 느끼고 사회생활을 잘한다는 연구 결과가 있어요. 그만큼 웃음이 건강과 사회생활에 도움을 준다는 뜻이지요.

우리 몸이 스트레스나 심한 고통을 받으면 엔도르핀이라는 호르몬이 분비되어 고통을 잊게 해 줘요. 엔도르핀은 강한 진통제인 모르핀의 200배 정도의 효과가 있어요. 웃음은 이런 엔도르핀 분비를 도와 스트레스를 해소하고 기분을 좋게 만들어 주는 자연 치료제예요. 실제로 웃음은 우울감, 분노 등의 감정을 조절하여 삶에 대한 긍정적이고 희망적인 태도를 심는 데 활용되기도 하고, 질환을 앓고 있는 환자들의 통증을 줄이는 데 쓰이기도 해요. 불안감을 줄여 심리적으로 안정감을 찾게 해 주고, 면역 기능을 강하게 해서 건강을 유지할 수 있도록 돕는답니다.

또 한 가지 흥미로운 사실은 억지웃음만 지어도 건강에 좋다는 거예요. 한 실험에 따르면 얼굴 근육에 전극을 연결해서 약한 전기 자극을 주었어요. 그런데 웃을 때 사용하는 근육을 자극받은 사람은 슬픈 표정을 지을 때 사용하는 근육을 자극받은 사람보다 행복했던 일을 더 잘 기억하고 재미있어했다고 해요. 거울을 보며 웃는 표정을 짓거나 연필을 치아로 물고 있을 때 짓는 표정을 짓는 것만으로도 즐거워진다고 하니까, 많이 웃는 것이 좋겠지요?

우리가 한 팀이 될 수 있을까?

| 생체 시계의 기능 |

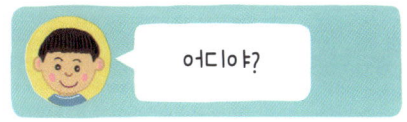

어디야?

정민이는 교실 맨 뒤 책상 위에 걸터앉아 휴대폰 메시지를 보냈어요. 하지만 민호는 메시지를 읽지 않았어요. 정민이는 뾰로통한 표정으로 애꿎은 의자만 발로 툭툭 치다가 바닥으로 내려왔어요. 그러다가 휴대폰을 책상 위에 세워 두고 오늘 연습하기로 했던 안무 영상을 틀었어요.

정민이는 음악에 맞춰 리듬을 타기 시작했어요. 고개만 까딱이던 정민이는 영상 속 안무의 현란한 발동작을 따라 했어요. 그러다

돌연 동작을 멈추고 책상 위 휴대폰을 보았어요. 영상 속에서는 댄서 두 명이 서로 엇갈려 지나가고 있었어요.

"후."

정민이는 짧게 한숨을 쉬고 교실 앞에 붙어 있는 시계를 보았어요. 시곗바늘은 8시를 가리키고 있었어요. 그때였어요. 교실 앞문이 열리며 민호가 들어왔어요.

"정말 미안해, 정민아."

정민이는 민호를 바라보며 찬찬히 말했어요.

"지난주 수요일부터 아침 6시 30분에 만나 연습하기로 했잖아. 그런데 넌 단 한 번도 연습 시간에 맞춰서 온 적이 없어. 2주 뒤에 학예회 무대에 서야 하는데 말이야."

정민이가 차갑게 말하자 민호는 놀랐는지 정말 미안한 표정을 지었어요.

"정민아, 정말 미안해. 오늘도 알람을 분명히 3개나 맞춰 놓았는데 못 들었어. 글쎄, 엄마도 나를 깨우셨다고 했거든……. 나는 왜 이렇게 아침에 일찍 일어나지 못할까? 오늘 저녁에 학원 끝나고 우리 집에 와. 저녁에 맛있는 거 먹으면서 우리 집에서 연습하자. 숙제도 같이 하고."

정민이는 화가 났지만 민호가 진심으로 미안해하자 더 이상 화를 낼 수 없었어요.

학원은 저녁이 다 되어서야 끝났어요. 정민이는 같은 아파트 옆

동에 있는 민호네 집으로 갔어요. 정민이가 벨을 누르자 민호가 환한 얼굴로 문을 열어 주었어요. 민호 어머니도 현관 앞까지 나와 정민이를 반겼어요.

"정민아, 민호가 오늘도 늦었다며? 애는 아침에 왜 그렇게 못 일어나는지 모르겠다. 다음에는 약속에 늦지 않도록 잘 깨울게. 저녁 안 먹었지? 같이 저녁 먹자."

저녁을 먹고 방에 들어오자마자 민호는 휴대폰에서 영상을 찾아 틀었어요.

"정민아, 내가 먼저 동작 좀 익힐게. 너는 쉬고 있어."

민호가 영상을 몇 번 돌려 보며 발동작을 익히는 동안 정민이는 침대에 누워 있었어요. 운동 신경이 좋은 민호는 발동작을 금방 익혔어요. 그런 민호를 지켜보던 정민이의 눈이 점점 감겨 왔어요.

"정민아, 정민아!"

민호 목소리에 정민이는 간신히 눈을 떠 몸을 일으켰어요.

"깜빡 잠들었나 봐."

"자, 나 하는 거 어떤지 봐 줘."

민호는 영상 속 댄서처럼 현란한 발재간을 따라 하며 춤을 추기 시작했어요. 그리고 아침에 정민이가 연습하던 다음 동작을 이어 갔어요. 침대에 걸터앉아 있던 정민이는 금세 눈이 감겨 왔어요.

"여기부터 우리 같이 연습해야겠지?"

민호가 말하며 정민이를 바라봤지만 정민이는 계속 눈을 끔뻑거

렸어요.

"정민아, 또 자?"

"응, 난 저녁만 되면 졸려 죽겠어. 아무래도 안 되겠다. 나 오늘은 이만 집에 가야겠어."

"그럼 연습은?"

"내일 아침에 하자."

"난 지금 연습이 정말 잘되는데, 내일 아침에 하자고?"

민호는 정색하며 말했어요.

"미안해, 나는 저녁만 되면 졸려서 정신을 못 차리겠어. 그래서 매일 일찍 자고 일찍 일어나거든."

정민이는 미안해하며 말했어요.

"괜찮아. 너랑 나는 정말 활동 시간이 달라. 넌 아침형 인간이고, 난 저녁형 인간인가 봐."

"맞아. 그런 줄도 모르고 아침에 화내서 미안해."

"괜찮아, 우리가 모두 괜찮은 시간을 찾아 연습하면 되지, 뭐. 내일 점심 빨리 먹고 강당에서 연습하자."

"그래, 그래도 우린 좋은 팀이야."

정민이와 민호는 함께 웃었어요. 정민이의 눈은 조금 감겨 있었지만요.

아침형 인간, 저녁형 인간이 따로 있을까?

"일찍 일어나는 새가 벌레를 잡는다"라는 말이 있어요. 아침에 일찍 일어나는 부지런한 습관이 중요하다는 뜻이지요. 그런데 아무리 아침에 일찍 일어나려고 노력해도 잘 안되고, 아침이면 머리가 멍한 친구들이 있을 거예요. 그러다가 저녁때쯤 정신이 맑아지는 느낌이 들고요. 반면에 밤늦게까지 눈을 부릅뜨고 있어도 도저히 깨어 있기 힘든 친구들도 있을 거예요. 대신 아침 일찍 일어나 활동하면 머리가 맑고 상쾌하고요. 그렇다면 정말 아침형 인간, 저녁형 인간이 따로 있는 걸까요?

 정민이가 들려주는 이야기: 활동 시간을 바꿀 수 있을까?

산속이나 숲속에 캠핑을 가면 아침 일찍부터 지저귀는 새소리 때문에 잠을 깬 적이 있을 거야. 종달새를 비롯한 많은 새들이 아침 일찍 일어나 벌레를 잡아. 소나 말, 다람쥐, 벌, 나비 같은 곤충은 낮에 활동하지.

반면에 낮에는 조용히 잠을 자고 밤에 활발하게 활동하는 동물이 있어. 올빼미, 수리부엉이, 안경원숭이, 박쥐, 반딧불이, 노래기, 민달팽이 등이 바로 야행성 동물이야. 이 동물들은 어두운 곳에서도 잘 볼 수 있어.

그런데 원래 낮에 활동하던 야생 동물 중에 야행성으로 바뀐 동물이 있다는 연구 결과가 있어. 주머니쥐부터 코끼리까지 6개 대륙에 사는 포유류 62종을 관찰했더니 사람이 짐승을 사냥하기 위해 활동하는 사냥철이나, 도로 주변처럼 인간의 손길이 닿는 곳에 사는 포유류들은 사람들의 눈을 피해 주로 밤에 활동했다고 해. 원래는 낮에 활발하게 움직여야 하는데 사람들 눈에 띄지 않기 위해 활동 시간을 바꾼 거지.

낮과 밤, 그리고 지구에 사는 생물

지구는 항상 일정한 거리를 두고 태양 주변을 맴돌지요. 이를 '공전'이라고 해요. 지구가 태양 주변을 한 바퀴 도는 시간은 1년, 바로 365일이에요. 이 주기에 맞추어 계절이 변해요. 그리고 지구는 혼자 스스로 뱅그르르 돌면서 자전을 해요. 지구가 한 번 도는 데는 24시간, 하루가 걸려요. 지구가 자전하기 때문에 하루의 반은 태양 빛을 받아 낮이 되고, 나머지 반은 태양을 등지고 있어 캄캄한 밤이 돼요.

아주 오랫동안 지구에서는 낮과 밤이 반복되고, 한 달을 기준으로 달의 위치가 변하고, 일 년을 기준으로 계절이 변해 왔어요. 지구에 사는 생물들도 이 리듬에 맞추어 살아가도록 설계되어 있어요. 물론 우리 몸도 자연의 리듬에 맞추어져 있지요.

지구의 자전

우리 몸의 시계, 생체 시계

우리 몸에는 자연의 리듬에 맞춰 몸을 조절하는 시계가 있어요. 이 시계를 '생체 시계'라고 해요. 우리 몸의 여러 곳이 생체 시계 역할을 하지만, 주된 생체 시계는 바로 '시교차 상핵'이에요. 시교차 상핵은 양쪽 눈의 신경이 교차해 지나가는 곳 바로 윗부분에 있어요.

우리 몸 안의 수많은 세포들은 모두 조금씩 다른 주기를 갖고 있는데, 생체 시계는 몸속 세포들의 주기를 알맞게 조절해요. 그래서 우리 몸의 리듬은 보통 햇빛을 받는 낮과 밤에 맞추어지지만, 생체 시계 덕분에 빛을 전혀 볼 수 없는 캄캄한 곳에 있다 하더라도 대략 24시간의 주기에 맞도록 조절해요. 어떻게 가능하냐고요? 뇌 중심부 가까이에 있는 송과샘(송과선)에서 밤의 호르몬, 멜라토닌을 만들어 깊은 잠을 잘 수 있도록 해 주기 때문이에요.

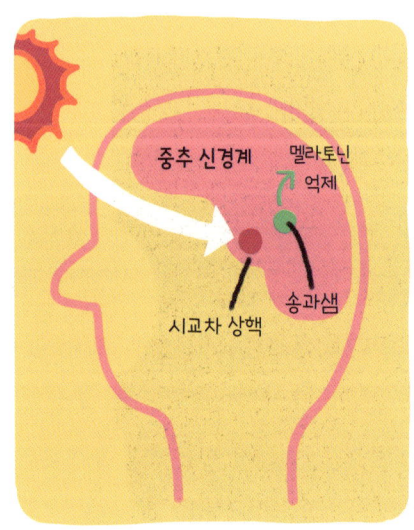

멜라토닌 분비 과정

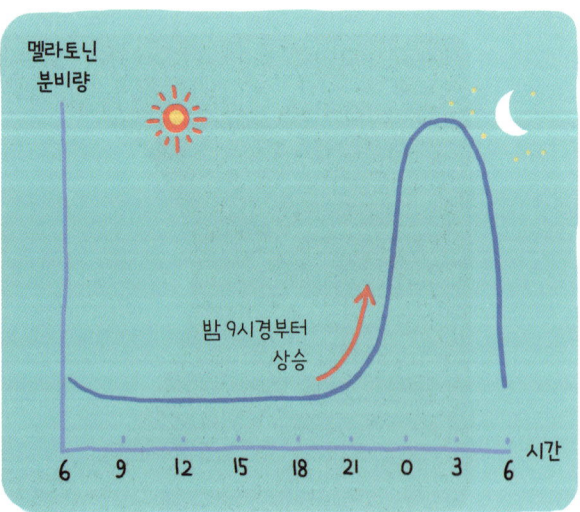

시간에 따른 멜라토닌 분비량

시차 적응, 생체 시계가 도와준다고?

한낮에 비행기를 타고 지구 반대편으로 여행을 가면 10시간 가까이 비행을 했는데도 도착했을 때 다시 한낮인 경우가 있어요. 이렇게 잠을 잘 수 있는 밤이 사라져 버리면 24시간 가까이 깨어 있어 무척 피곤해요. 자야 하는데 밖은 밤이 아니라 환한 낮이니 졸린데도 잠을 잘 수가 없는 거예요. 이런 현상을 '시차증'이라고 해요. 우리 몸의 생체 시계와 외부의 시간이 달라 생체 시계가 혼란을 겪는 거지요.

지구는 서쪽에서 동쪽으로 자전하고 국제 표준시는 영국 그리니치 천문대를 지나는 본초 자오선을 기준으로 해요. 그래서 출발지에서 서쪽으로 여행을 갈 때는 시간을 거슬러 가고, 동쪽으로 갈 때는 시간이 빨리 가지요. 그래서 시차증에 적응하는 데는 서쪽으로 여행할 때는 2~6일, 동쪽으로 여

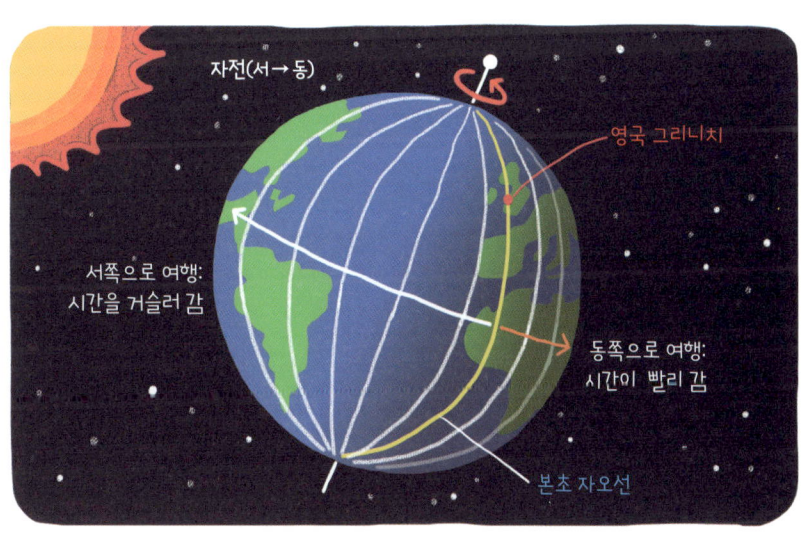

시차가 생기는 이유

행할 때는 3~11일 정도 걸려요.

그렇기 때문에 서쪽으로 여행할 때는 출발 3일 전부터 매일 한 시간씩 일찍 일어나고, 동쪽으로 여행할 때는 매일 한 시간씩 늦게 일어나면 여행지에 도착했을 때 시차증을 줄일 수 있어요.

호르몬이 뭐예요?

> **내분비샘?**
> 호르몬을 만들어 분비하는 기관을 말해요. 뇌하수체, 갑상샘, 부갑상샘, 부신, 이자, 난소, 정소가 이에 속하지요. 내분비샘에서 분비되는 호르몬은 직접 혈액이나 림프액(혈관과 조직 사이에 있는 무색의 액체), 뇌척수액(뇌와 척수에 존재하는 무색의 투명한 액체)을 통해 특정 기관으로 전달돼요.

호르몬은 우리 몸의 내분비샘*에서 만들어져 분비되는 물질이에요. 주로 단백질로 이루어져 있고, 우리 몸의 기관이나 조직이 일정하게 기능할 수 있도록 조절하는 역할을 해요. 아주 적은 양이 분비되지만 몸의 상태와 생리 작용을 조절할 수 있어요.

호르몬은 혈관이나 림프관을 통해 이동해요. 우리 몸에는 성장을 조절하는 성장 호르몬, 생식기 성장과 조절 역할을 하는 성호르몬, 혈당을 조절하는 인슐린, 그리고 잠을 조절하는 멜라토닌 등 100여 가지가 넘는 다양한 호르몬이 있어요.

호르몬이 불균형하면 우리 몸에 문제가 생길 수 있어요. 그래서 우리 몸은 혈액 속에 호르몬이 너무 많으면 호르몬 분비량을 줄이고, 호르몬이 너무 적으면 호르몬 분비량을 늘려서 항상 일정한 상태를 유지해요.

빛의 호르몬, 세로토닌 vs 어둠의 호르몬, 멜라토닌

사람은 대부분 낮에 활기차게 활동하고, 캄캄한 밤에 잠을 자요. 이렇게 생체 시계를 조절하는 비밀은 바로 햇빛에 있어요.

햇빛이 비치는 낮 동안 우리 몸은 기분을 편안하고 좋게 만들어요. 눈으로 들어온 햇빛이 뇌의 신경을 자극해서 세로토닌*이라는 물질을 활발하게 분비하기 때문이지요. 세로토닌은 우리 몸에서 여러 역할을 하지만 정서적으로 편안하게 해 줘요. 세로토닌이 부족하면 우울할 수 있기 때문에 세로토닌을 '행복 호르몬'이라고 부르기도 해요.

> **세로토닌과 멜라토닌**
> 세로토닌은 크게 보면 호르몬이지만 신경 전달 물질이라는 점에서 송과샘에서 분비되는 멜라토닌과는 달라요.

해가 지고 어둠이 깔린 깜깜한 밤부터 아침이 오기 전까지 우리 몸에서는 어둠의 호르몬인 멜라토닌이 분비돼요. 멜라토닌이 분비되면 잠이 솔솔 와요. 멜라토닌은 깊은 잠을 자는 동안에 가장 많이 분비되지요.

멜라토닌은 자연의 주기에 맞추어 우리 몸을 조절하는 호르몬이지요. 빛에 따라 조절되기 때문에 낮이 긴 여름에는 분비되는 시간이 줄고, 밤이 긴 겨울에는 분비되는 시간이 늘어요.

그런데 종달새와 올빼미처럼 서로 다른 시간에 주로 활동하는 이 두 호르몬은 아주 가까운 관계에 있어요. 멜라토닌은 세로토닌이 변형되어 만들어지기 때문이에요. 그래서 잘 자려면 낮 동안에 햇빛을 많이 봐야 해요.

 아침형 인간 vs 저녁형 인간

사람의 생체 시계가 자연에 맞추어져 있다면, 왜 어떤 사람은 아침에 활발하게 활동하고, 어떤 사람은 저녁에 활발하게 활동할까요?

그 이유는 사람마다 생체 시계가 조금씩 다르기 때문이에요. 최근 연구에 따르면 사람마다 'PER(Period)3'이라는 유전자의 길이가 조금씩 다른데, 이 유전자의 길이가 길면 저녁형 인간, 짧으면 아침형 인간이 된다고 해요. 아무리 노력해도 일찍 일어나는 일이 힘들거나 억지로 새벽에 일어나도 머리가 멍하다면 게을러서가 아니라 유전자 때문일 수도 있다는 거예요.

하지만 그렇다고 '나는 저녁형 인간이니까 밤에만 활동하고 아침에는 자야 해'라고 생각해도 될까요? 너무 늦게 자거나 잠이 부족하면 건강을 해칠 수 있어요. 또, 학교나 직장 생활 같은 사회생활을 하기 위해서는 사회에 리듬을 맞추려는 노력도 필요해요. 자연 속 생물인 인간은 혼자 살 수 없는 사회적 동물이니까요.

그리고 모든 사람의 생체 시계가 같지 않다는 것을 이해하는 것이 중요해요. 각자 몸의 리듬을 이해하면 자신의 생체 시계에 맞추어 생활하는 방법을 찾을 수 있을 테니까요.

취급 주의!

| 포장재에 숨겨진 과학 원리 |

"누구야? 누가 내 택배 열었어?"

방에서 비명 소리가 들리더니 조금 전 학교에서 돌아온 하윤이가 씩씩거리며 나왔어요. 하윤이는 한 손에는 뚜껑이 열린 택배 상자를, 다른 한 손에는 산산조각 난 유리병을 들고 있었어요. 유리병에서는 액체가 한 방울씩 떨어지고 있었는데 좋은 향기가 폴폴 났어요.

아빠와 식탁에서 피자를 먹고 있던 도윤이는 깜짝 놀라 하윤이를 쳐다보았어요.

하윤이는 눈썹 끝을 잔뜩 올린 채 날카로운 목소리로 도윤이를 바라보며 물었어요.

"너야?"

하윤이의 얼굴이 폭발하기 일보 직전이어서 도윤이는 바짝 긴장하며 답했어요.

"뭐가? 내가 뭘?"

"내 택배 상자 뜯은 거, 너 아니야?"

"아니야, 난 택배 온 줄도 몰랐어."

"그럼 누가 그런 거야!"

신경질적인 하윤이의 목소리에 아빠가 무거운 목소리로 말했어요.

"그거 내가 네 책상에 갖다 놓았는데, 왜 그러니?"

"아빠가 그런 거예요?"

"응, 내가 주문한 비타민인 줄 알고 열었는데, 아니어서 네 책상 위에 놔뒀지."

"친구 생일 선물로 산 향수인데 병이 깨져 있어요. 아빠가 실수하신 거 아니에요?"

아빠는 억울하다는 듯이 이야기했어요.

"아니라니까. 상자는 꺼내 보지도 않았는데 그게 깨졌는지 어떻게 알겠니?"

아빠는 하윤이가 들고 있던 상자를 살펴보며 말했어요.

"택배 박스 안에 덜렁 상자만 있었나 보구나. 유리 제품을 완충재*로 포장도 안 하고 보내다니. 이건 판매자한테 항의해야 할 일인걸."

"예? 진짜요?"

"응, 상자만 있었다니까."

"네, 알겠어요."

하윤이는 아빠의 설명에 그제야 화를 누그러뜨렸어요.

"아빠, 갑자기 화내서 죄송해요."

아빠가 웃으면서 하윤이 볼을 잡고 살짝 흔들자 하윤이도 살짝 입꼬리를 올렸어요.

도윤이가 그제야 다가와서 상자 안을 살펴보았어요. 택배 박스 안에는 그보다 훨씬 작은 상자가 있었고, 상자 한쪽 끝이 액체로 젖어 있었어요.

"아빠, 완충재가 뭐예요?"

"뽁뽁이 말이야. 넌 1학년이 그것도 몰라?"

"뽁뽁이는 나도 알아. 완충재가 뭔지 모르는 거지."

하윤이의 말에 도윤이가 머리를 긁적이며 말했어요.

"하윤이는 판매자한테 전화해서 제품 교환해 달라고 해야겠다. 깨지기 쉬운 택배를 보내면서 완충재로 포장도 안 했으면 그쪽 잘못이지."

"네, 그럴게요."

하윤이는 휴대폰을 들고 다시 방으로 들어갔어요.

완충재 두 물체 사이에 끼어서 충격을 완화하는 재료.

집 안에 갑자기 폭풍이 지나간 것 같았어요. 도윤이는 안도의 한숨을 내쉬고 나서 아빠에게 물었어요.

"아빠, 그런데 뽁뽁이로 포장하면 유리병이 정말 깨지지 않아요?"

"절대로 깨지지 않는 것은 아니야. 하지만 충분히 여러 번 감싸면 택배를 배송할 때 받는 충격은 흡수할 수 있어."

"충격을 흡수한다고요?"

"응, 택배로 보낼 때는 여기저기 이동하는 도중에 물건이 부딪치거나 떨어지는 일이 많은데, 그럴 때 충격을 받을 수 있어. 이거 봐."

아빠는 냉장고에서 날달걀 하나를 꺼내 와서 바닥으로 떨어뜨리는 시늉을 하셨어요.

"자, 내가 이 달걀을 그대로 떨어뜨리면 어떻게 될까?"

"아, 아빠 하지 마세요! 당연히 깨지잖아요."

때마침 방에서 전화를 마치고 나온 하윤이가 아빠를 보고 놀라 외쳤어요.

"그렇지. 그런데 바닥에 아주 푹신한 방석을 놓으면 어떻게 될까?"

"아마 깨지지 않을 것 같은데요?"

"맞아! 푹신한 방석 위로 떨어진 달걀은 방석이 충격을 흡수하기 때문에 깨지지 않는 거지."

"아하, 그럼 피자를 이렇게 두꺼운 박스에 넣어 배달하는 것도 그런 이유 때문이에요?"

도윤이는 먹고 있던 피자 박스를 보며 물었어요.

"피자는 흐트러질 염려가 적지. 오토바이로 배달할 때 지름이 딱 맞는 네모난 상자에 넣어 내용물이 흔들려도 쉽게 흐트러지지 않게 고정해 주니까. 피자를 포장할 때 골판지로 된 두꺼운 상자를 쓰는 까닭은 뜨거운 피자에서 나오는 김(습기)을 잘 흡수해서 눅눅해지는 것을 막기 위해서야."

"아하, 피자는 떨어지는 것보다 눅눅하지 않게 배달하는 게 더 중요하겠어요."

"맞아, 옮기는 물건의 특성을 잘 파악해서 포장해야 하지. 선물 세트에 들어 있는 사과나 배에 멍이 들지 않도록 스티로폼 그물로 된 포장을 입히는 것처럼 말이야."

"포장도 다 과학이네요."

"그렇지, 앞으로는 드론이 택배를 보내 준다고 하니까 물건을 배달하고 받는 일이 더 많아질 거야. 그러면 잘 포장하는 방법도 개발되겠지?"

도윤이는 고개를 끄덕이며 아직 따끈한 피자를 한 입 베어 물었어요.

완충재로 감싼 유리병은 왜 깨지지 않을까?

뽁뽁이를 손으로 꾹 눌러 터뜨려 본 적 있나요? 재미있고, 마음이 안정되기도 해 놀이처럼 터뜨리는 경우도 있어요. 우리나라뿐 아니라 다른 나라 친구들도 뽁뽁이 터뜨리는 것을 좋아하나 봐요. 미국의 한 고등학교 학생 366명이 체육관에 모여 뽁뽁이 터뜨리기를 했는데, 2분 동안 중형 아파트 7채 정도의 면적인 740㎡의 뽁뽁이를 터뜨려서 기네스북˙ 기록에 오르기도 했어요. 그래도 본연의 역할은 물건을 보호하는 포장재예요. 그런데 뽁뽁이로 포장한 물건은 왜 깨지지 않을까요?

기네스북 세계 최고 기록을 모아 놓은 책으로, 영국에서 해마다 발간함.

도윤이가 들려주는 이야기: 뽁뽁이가 원래 벽지였다고?

뽁뽁이는 우리에게 굉장히 친숙해. 포장뿐만 아니라 겨울철 창문에 붙이면 단열 효과가 뛰어나서 많은 사람들이 단열재로도 활용하거든. 그런데 뽁뽁이가 처음에는 벽지로 개발되었다는 사실 알고 있어?

엔지니어인 미국인 알프레드 필딩과 발명가인 스위스인 마르크 샤반은 1957년 청소하기 쉬운 플라스틱 벽지를 개발하던 중 공기 방울이 들어 있는 뽁뽁이를 벽지로 만들 생각을 했어. 초기에는 뽁뽁이 벽지가 새로운 형태의 인테리어 소품으로 반짝 관심을 받았지만 미관상 아름답지 못하다는 이유로 외면받았어. 하지만 샤반은 어느 날 비행기를 타고 가다가 창밖의 구름을 보고 뽁뽁이를 포장재로 쓰면 좋겠다는 기발한 생각을 했지. 그렇게 벽지였던 뽁뽁이가 포장재로 재탄생한 거야.

놀랍게도 뽁뽁이로 처음 포장된 물건은 IBM의 컴퓨터였어. 1960년대 초반, 이 컴퓨터는 선풍적인 인기를 끌었어. 우리나라에서도 뽁뽁이 덕분에 안전하게 이 컴퓨터를 배송받을 수 있었고 말이야. IBM은 뽁뽁이 덕분에 전 세계에 컴퓨터를 팔아 사업을 키울 수 있었고, 뽁뽁이 역시 1970년대 들어 히트 상품이 되었어.

 뽁뽁이는 과학이다!

물체를 떨어뜨릴 때 바닥에 방석이나 이불, 뽁뽁이, 스티로폼같이 푹신한 물건을 놓아두면 떨어지는 물체가 받는 충격을 줄일 수 있어요. 예를 들면, 똑같은 높이에서 유리병을 떨어뜨린다고 할 때, 맨바닥에 떨어진 유리병은 깨지는 반면, 푹신한 방석이나 이불에 떨어진 유리병은 깨지지 않지요. 유리병이 깨지지 않는 이유를 좀 더 자세히 설명해 줄게요.

어떤 두 물체가 부딪히는 것을 '충돌한다'라고 해요. 그리고 어떤 물체가 충돌하는 동안 받는 충격은 부딪히는 힘, 충돌하는 시간과 관계가 있어요. 그래서 떨어지는 물체가 바닥에 부딪히는 힘을 줄이려면 힘을 받는 시간, 다시 말해 바닥에 충돌해서 정지할 때의 시간을 늘려 주면 돼요. 푹신한 방석을 깔아 주는 것처럼 말이에요.

같은 이유로 빠르게 날아오는 야구공을 받을 때 손이 아프지 않으려면 손을 뒤로 빼면서 받으면 돼요. 야구공이 손에 닿아 멈출 때까지의 시간을 늘려서 손이 받는 힘을 줄여 주는 거죠. 또 딱딱한 축구공을 발로 찰 때는 발이 더 아프지만, 물렁물렁한 축구공을 발로 찰 때는 발이 덜 아픈 것도 같은 원리예요. 물렁물렁한 축구공은 발과 접촉해 공이 멈출 때까지 시간이 길어지기 때문에 충격으로 인해 발이 받는 힘이 줄어들지요.

 뽁뽁이의 화려한 변신

벽지로 개발되었던 뽁뽁이가 다시 벽지로 돌아왔어요. 추운 겨울, 차가운 바람을 막아 주는 히트 상품으로요. 추운 겨울에 뽁뽁이를 붙이는 이유는 집 안의 열이 창문을 통해 밖으로 빨리 새 나가지 못하도록 하는 '단열' 효과가 있기 때문이에요.

단열은 열의 이동을 막는 것을 말해요. 열은 항상 온도가 같아질 때까지 온도가 높은 곳에서 낮은 곳으로 이동하거든요. 겨울철에는 내부 온도가 더 높기 때문에 내부에서 외부로 열이 이동해요. 그래서 열의 이동을 막아 주는 단열 제품을 많이 쓰지요.

뽁뽁이의 비닐 사이에는 공기층이 있어요. 이 공기층이 열의 이동을 막아 줘서 집 안의 따뜻한 열을 밖으로 빼앗기지 않도록 해 주지요. 건설 기술 연

구원에서 실험한 결과 뽁뽁이를 붙이면 약 20% 정도 단열 효과가 좋아진다고 해요. 겨울철 창문에 뽁뽁이를 붙이는 이유에도 과학이 숨어 있다니, 신기하지요?

포장할 때도 과학이 필요해!

온도에 민감하거나 신선도 유지를 위해 포장에 신경 써야 할 때도 있어요. 먼저 고기나 생선처럼 차가운 온도를 유지해야 하는 경우가 있어요. 그러기 위해서는 스티로폼 상자를 많이 이용해요. 스티로폼 상자는 외부로 열이 이동하는 것을 막아 주는 좋은 단열재예요. 그 안에 아이스 팩을 넣어 차가운 온도를 유지하는데, 이때 아이스 팩은 물건 위에 놓는 것이 좋아요. 차가운 공기는 위에서 아래로 내려가기 때문이지요.

과일의 경우 꼭지에 스티커를 붙이기도 해요. 과일은 공기 중에서 꼭지를 통해 호흡하며 에틸렌 가스를 만들어 내요. 에틸렌 가스는 과일의 신선도를 떨어뜨려요. 그래서 과일 꼭지에 스티커를 붙이면 과일이 호흡하는 것을 막아 과일을 신선하게 유지할 수 있어요.

의약품은 안전성을 위해 플라스틱으로 밀봉하거나, 뚜껑 안을 은박지로 밀봉해요. 1982년 가을, 시카고의 한 약국에 있는 타이레놀 병에 누군가 독

극물을 넣었는데 이 타이레놀을 먹고 여러 명이 목숨을 잃은 사건이 있었어요. 그 뒤로 의약품을 꼼꼼히 포장하게 되었지요. 특히 의약품은 어린이들의 안전을 위해 쉽게 열 수 없도록 안전하게 포장해야 해요.

떠오르는 친환경 포장재

뽁뽁이는 물건이 잘 깨지지 않도록 보호해 주지만 비닐로 만들어져서 잘 썩지 않기 때문에 환경 오염을 일으켜요. 특히 코로나19 시기에 외식 대신 배달 음식과 택배 주문이 급격히 늘었어요. 이에 따라 포장재 사용도 많이 늘었기 때문에 친환경 포장재를 쓰는 것이 더욱 중요해졌어요.

친환경 포장재는 재활용이 쉽고 비용을 줄일 수 있는 소재를 쓰는데, 음향 전문 기업인 독일 젠하이저사는 이어폰을 포장할 때, 100% 재활용 골판지를 완충재로 사용했다고 해요. 주름이 많은 골판지는 충격을 흡수하기에 좋은 구조이기 때문에 박스를 만들 때 많이 쓰이지요.

골판지 박스 생산 과정

 자연에서 완전히 분해되는 포장재도 있어요. 옥수수 전분, 대나무 섬유질, 목재 펄프같이 생분해되는 재료로 만든 포장재지요. 또 재사용이 가능한 포장재를 이용하기도 해요. 박스를 접어 간단한 음식을 담는 접시로 사용하고 다 쓴 후에는 재활용을 할 수 있도록 말이에요.

 이처럼 다양한 포장도 모두 과학이랍니다.

참고 자료

- 《DK 고양이 백과사전》, DK 백과사전 편집위원회, 이규원 옮김, 지식의날개, 2019년
- 《하트에 관한 20가지 이야기》, 메릴린 옐롬, 노승영 옮김, 시대의창, 2019년
- 《인체: 완전판》, 갤리스 로버츠, 김명남 옮김, 사이언스북스, 2017년
- 《향료와 향수》, 한상길, 신광출판사, 2001년
- 《사포의 향수》, 주세페 스퀼라체, 김정하 옮김, 산지니, 2016년
- 《몹쓸 기억력》, 줄리아 쇼, 이영아 옮김, 현암사, 2017년
- 《도그 시그널》 김나연 외, 저녁달, 2019년
- 《개 내과학 시크릿》, 스탠 루빈 외, OKVET, 2011년
- 《인수공통 모든 전염병의 열쇠》, 데이비드 쾀멘, 강병철 옮김, 꿈꿀자유, 2020년
- 《생명과학 8판》, 캠벨 외, 전상학 옮김, 바이오사이언스. 2008년
- 《역사를 바꾼 17가지 화학 이야기 1,2》, 페니 카메론 르 쿠터 외, 곽주영 옮김, 사이언스북스, 2007년
- 《발명과 혁신으로 읽는 하루 10분 세계사》, 송성수, 생각의힘, 2018년
- 《생활 속의 화학과 고분자》, 정진철, 자유아카데미, 2010년
- 《웃음》, 이현수, 나노미디어, 2009년
- 《인간의 모든 감정》, 최현석, 서해문집, 2011년
- 《시간의 섬》, 마르타 반디니 마찬티 외, 김현주 옮김. 다섯수레, 2016년
- 《식물》, DK《식물》편집위원회, 박원순 옮김, 사이언스북스, 2020년
- 《Ginkgo》, 피터 크레인, Yale Univ Pr, 2015년
- 〈과학동아 374호: 인플루엔자〉, 동아사이언스, 2017년 2월
- 〈Do You Sweat When You Swim?〉, Olivier Poirier-Leroy, Your Swim Book
- 〈생명과학회지 23(8): 주기적 리듬 조절에 의한 멜라토닌 생산과 생리적 기능의 중요성〉 김민균, 박슬기, 안순철, 생명과학회지 23(8), 한국생명과학회, 2013년
- 〈브레인 75: 멜라토닌, 뇌를 보호하는 암흑의 호르몬〉, 편집부, 한국뇌과학연구원, 2019년
- 〈해부·생물인류학 18: 한국인 얼굴표정과 관련된 볼굴대의 위치 및 입꼬리당김근과 큰광대의 형태〉, 허경석 외, 대한체질인류학회, 2005년
- 〈정보학회지 30(12): 거울뉴런에 대한 최근 연구들-모방과 공감을 중심으로〉 장대익, 정보과학회지, 2012년
- 〈재활용품 분리배출 가이드라인〉, 환경부, 2018
- 「DO YOU SWEAT WHEN SWIMMING?」, Simply swim, 2016년. 8월 22일
- 「'파검vs흰검'드레스 색깔 논란 "대체 무슨 색이야?"」, MBN News, 2015년 2월 28일
- 「Hackers Remotely Kill a Jeep on the Highway—With Me in It」 WIRED. 2015년 7월 21일
- ROMAN 공식 홈페이지 (https://www.romanoriginals.co.uk/thedress)

단행본은 《 》로, 논문 및 학술지 등은 〈 〉, 기사는 「 」로 표기했습니다.